ATENDIMENTO NA ERA 4.0
COMO CRIAR A MELHOR EXPERIÊNCIA PARA O SEU CLIENTE

Editora Appris Ltda.
1.ª Edição - Copyright© 2020 dos autores
Direitos de Edição Reservados à Editora Appris Ltda.

Nenhuma parte desta obra poderá ser utilizada indevidamente, sem estar de acordo com a Lei nº 9.610/98. Se incorreções forem encontradas, serão de exclusiva responsabilidade de seus organizadores. Foi realizado o Depósito Legal na Fundação Biblioteca Nacional, de acordo com as Leis nos 10.994, de 14/12/2004, e 12.192, de 14/01/2010.

Catalogação na Fonte
Elaborado por: Josefina A. S. Guedes
Bibliotecária CRB 9/870

A282a
2020
	Aguiar, Victor
	    Atendimento na era 4.0 : como criar a melhor experiência para o seu cliente / Victor Aguiar. - 1. ed. – Curitiba : Appris, 2020.
	    119 p. ; 23 cm. – (Artêra).
	
	    ISBN 978-65-5820-326-1
	
	    1. Marketing de relacionamento. 2. Marketing na internet. 3. Cliente – Contatos. 4. Satisfação do cliente. I. Título. II. Série.
	
	                                                              CDD – 658.82

Livro de acordo com a normalização técnica da ABNT

Appris
editora

Editora e Livraria Appris Ltda.
Av. Manoel Ribas, 2265 – Mercês
Curitiba/PR – CEP: 80810-002
Tel. (41) 3156 - 4731
www.editoraappris.com.br

Printed in Brazil
Impresso no Brasil

Victor Aguiar

ATENDIMENTO NA ERA 4.0
COMO CRIAR A MELHOR EXPERIÊNCIA PARA O SEU CLIENTE

FICHA TÉCNICA

EDITORIAL	Augusto V. de A. Coelho
	Marli Caetano
	Sara C. de Andrade Coelho
COMITÊ EDITORIAL	Andréa Barbosa Gouveia (UFPR)
	Jacques de Lima Ferreira (UP)
	Marilda Aparecida Behrens (PUCPR)
	Ana El Achkar (UNIVERSO/RJ)
	Conrado Moreira Mendes (PUC-MG)
	Eliete Correia dos Santos (UEPB)
	Fabiano Santos (UERJ/IESP)
	Francinete Fernandes de Sousa (UEPB)
	Francisco Carlos Duarte (PUCPR)
	Francisco de Assis (Fiam-Faam, SP, Brasil)
	Juliana Reichert Assunção Tonelli (UEL)
	Maria Aparecida Barbosa (USP)
	Maria Helena Zamora (PUC-Rio)
	Maria Margarida de Andrade (Umack)
	Roque Ismael da Costa Güllich (UFFS)
	Toni Reis (UFPR)
	Valdomiro de Oliveira (UFPR)
	Valério Brusamolin (IFPR)
ASSESSORIA EDITORIAL	Lucas Casarini
REVISÃO	Cindy G. S. Luiz
PRODUÇÃO EDITORIAL	Juliane Scoton
DIAGRAMAÇÃO	Danielle Paulino
CAPA	Eneo Lage
COMUNICAÇÃO	Carlos Eduardo Pereira
	Débora Nazário
	Kananda Ferreira
	Karla Pipolo Olegário
LIVRARIAS E EVENTOS	Estevão Misael
GERÊNCIA DE FINANÇAS	Selma Maria Fernandes do Valle
COORDENADORA COMERCIAL	Silvana Vicente

Dedico este livro às minhas queridas Itala, Renata, Barbara e Zelma, mulheres que fazem parte da minha vida e sempre estão torcendo por mim.

AGRADECIMENTOS

Não resta a menor dúvida que sozinho não fazemos nada. Por isso, não posso deixar de agradecer a todos os coautores que aceitaram o desafio de escrever esta obra.

A vocês, toda a minha gratidão!

PREFÁCIO

Desde a década de 1990, o mercado, em termos mundiais, busca alcançar a perfeição do atendimento ao cliente. Sua importância, podemos ver, dá-se pela relação com a força e a influência do consumidor no processo de compra.

Com o crescimento do mercado e sua evolução tecnológica, muito precisou ser adaptado e transformado. As mudanças alcançaram a jornada de compra, e o consumidor tornou-se mais exigente. Para realizar uma compra, ele estende a sua caminhada de pesquisa e interesse.

Isso é perceptível no nosso cotidiano, afinal, todos estão sendo diariamente bombardeados com milhares de informações diferentes em vários canais. Não apenas em meios tradicionais, como televisão, jornal e rádio, mas por meio de diversas redes sociais, comunidades e aplicativos.

Essa mudança de mercado proporcionou o que chamamos de marketing 4.0, ou marketing digital. Esse conceito, cunhado por Philip Kotler, toma lugar com a internet, trazendo consigo novas formas de agir e pensar e de interagir com os clientes.

Se, com o marketing 4.0, mudamos a forma de nos relacionar com o público, as dúvidas começam a surgir: como atender um cliente com sucesso? Como alcançar um atendimento diferenciado e eficaz? Como realizar isso por meio da internet? Como ser destaque em meio a um mercado com consumidores desatentos? Como proporcionar a melhor experiência no atendimento ao cliente? Essas são as questões centrais que esta obra propõe-se a esclarecer.

Depois do sucesso de *Atendimento ao Cliente: novos cenários, velhos desafios* (2014), primeira obra do autor na área, este seu novo livro busca solucionar as dúvidas mais abrangentes e delicadas sobre o atendimento ao cliente, atualizando sua estrutura e trazendo detalhes que não foram abordados anteriormente.

As páginas deste livro só existem em virtude de um longo conjunto de pesquisas e estudos junto a especialistas, muitos deles componentes do mestrado profissional da Univille (Universidade da Região de Joinville) e da área de Design de Serviços. Suas conclusões são descritas de forma objetiva e clara, explicativa e prática.

É praticamente uma leitura obrigatória para quem trabalha com marketing e vendas, pois, aqui, você terá acesso a explicações e exemplos sobre os diferentes tipos de atendimento aos diferentes tipos de público e a abordagem do Design de Serviços.

Você também aprenderá a desenvolver sua equipe de forma eficaz para atender seus clientes, atendendo suas necessidades e lidando com as reclamações, descobrindo um ciclo de melhoria contínua e poderosa.

É mediante o conteúdo desta leitura que você poderá aprofundar-se na mente do consumidor e conquistar o sucesso em suas vendas!

Claudemir Oliveira
Presidente e Fundador do Seeds of Dreams Institute® (EUA)

SUMÁRIO

INTRODUÇÃO 13

CAPÍTULO 1
ATENDIMENTO AO CLIENTE, CONSTRUA UM GRANDE DIFERENCIAL 15

CAPÍTULO 2
O DESIGN DE SERVIÇOS, UMA NOVA ABORDAGEM DO ATENDIMENTO AO CLIENTE 31
(Com a colaboração de João Menezes Neto)

CAPÍTULO 3
COMO GERENCIAR EQUIPES DE ATENDIMENTO 41

CAPÍTULO 4
ATENDIMENTO VIRTUAL – NOVAS TECNOLOGIAS A SERVIÇO DO CLIENTE 53
(com a colaboração de Ricardo Dalbosco)

CAPÍTULO 5
ATENDIMENTO TELEFÔNICO – A IMPORTÂNCIA DA AUDIÇÃO ATIVA E REFLEXIVA 67
(Com a colaboração de Reges Bessa)

CAPÍTULO 6
ATENDIMENTO PESSOAL – A HORA DA VERDADE NO FACE A FACE COM O CLIENTE 73
(Com a colaboração de Franciele Vaz)

CAPÍTULO 7
O ATENDIMENTO A PÚBLICOS DIFERENCIADOS E SUAS ESPECIFICIDADES 85
(Com a colaboração de Franciele Caroline Gorges)

CAPÍTULO 8
**LIDANDO COM RECLAMAÇÕES – DESCUBRA COMO MANTER
O EQUILÍBRIO** 91

CAPÍTULO 9
**DESENVOLVIMENTO DE EQUIPES DE ATENDIMENTO – O CICLO
DA MELHORIA CONTÍNUA** 97
(Com a colaboração de Luciano Gulgen)

CAPÍTULO 10
**PESQUISA DE SATISFAÇÃO – COMO MERGULHAR NA MENTE
DO CLIENTE** 107
(Com a colaboração de José Luiz Cercal Lazzaris)

APENAS PARA CONCLUIR 117

INTRODUÇÃO

O momento atual é desafiador, as mudanças são rápidas e constantes; a dúvida quanto ao melhor caminho a seguir é uma sombra na rotina diária de gestores e empreendedores.

Acredita-se piamente que aquilo que dava certo no passado não vale mais e necessariamente precisa ser inovado, substituído e, em casos extremos, até totalmente banido. Nesse contexto, como fica o atendimento ao cliente?

Bem, para começar a responder a essa questão, faz-se necessário situar o leitor; o grupo que escreveu este livro faz parte do mestrado profissional em Design da Universidade da Região de Joinville – Univille. Por se tratar de um mestrado profissional, são pessoas atuantes no mercado e com as mais diversas formações, experiências e vivências. Alguns dos que colaboraram nesta obra também fazem parte de um projeto de pesquisa intitulado Design de Serviços e comportamento do consumidor, cujo objetivo é pesquisar a área de design de serviços e sua relação com os clientes.

Desde 2018, esse grupo vem estudando o papel do profissional de vendas e atendimento nos mais diversos ramos de atividade, uma motivação originada pela necessidade de compreender se ainda há espaço para esses profissionais na era da *e-commerce* e do atendimento virtual.

Podemos afirmar sem nenhuma preocupação que **SIM**! O bom atendimento ainda faz muita diferença, e o profissional de vendas e atendimento precisa fazer, por vezes, o básico: atender bem o cliente.

Não restam dúvidas de que há o que se modificar, seja no atendimento virtual, telefônico e pessoal e, nesse sentido, este livro traz a fantástica contribuição do Design de Serviços para o leitor. A sua redação já utilizou um dos pilares do Design, o processo colaborativo.

Ao longo de 10 capítulos, o leitor terá uma visão completa de todas as facetas do moderno atendimento ao cliente e de ferramentas que podem ajudar muito a melhoria de seus processos.

No primeiro capítulo, procuramos trazer uma reflexão sobre a mudança e a importância do atendimento ao cliente e esperamos ter êxito, por meio do que apresentamos, em sensibilizar o leitor a rever o atendimento prestado a seus clientes.

Bem, caso decida ir em frente, o capítulo dois apresenta uma ferramenta poderosa, o Design de Serviços, e mostra como se pode utilizá-lo em projetos de redesign de operações. Mas por onde começar?

Sem dúvida, as pessoas são o grande diferencial nos serviços. Sendo assim, o capítulo três fala sobre o gerenciamento de equipes de atendimento, pois, sem esses profissionais, nada acontece.

Mas, como seria o bom atendimento? Para ajudar o leitor em seus projetos, do capítulo quatro ao seis, abordamos os três meios de atender aos clientes, o atendimento virtual, o telefônico e o pessoal, além da nossa visão das diretrizes para realizá-los adequadamente e, quem sabe, superar as expectativas dos clientes.

No capítulo sete, sugerimos como lidar com deficientes físicos e idosos, dois públicos em franco crescimento e muito desafiadores.

Por maiores que sejam os esforços, por vezes, algo pode não funcionar adequadamente. Sendo assim, o capítulo oito sugere como lidar com as reclamações e tirar o aprendizado necessário com isso.

Depois de tudo isso, o leitor vai estar bem consciente da importância das pessoas e, por isso, o capítulo nove fala sobre a capacitação, em resumo, o desenvolvimento contínuo da equipe.

Por fim, o que retroalimenta todo esse sistema? Conhecer a opinião do cliente! Sendo assim, o último capítulo mostra como realizar uma pesquisa de satisfação e usar o que foi apurado.

Perceba, amigo leitor, que este é um guia prático e abrangente para aqueles que desejam diferenciar-se no mercado, por meio do atendimento ao cliente, o qual, garantimos, ainda é um fator chave de sucesso.

Boa leitura, bons projetos e **SUCESSO!**

CAPÍTULO 1

ATENDIMENTO AO CLIENTE, CONSTRUA UM GRANDE DIFERENCIAL

Nas economias globalizadas, a competitividade está presente na maior parte dos setores, criando uma espiral pela melhoria contínua, como questão crucial para a sobrevivência de qualquer tipo de organização. Empresas deparam-se, a cada dia, com novos concorrentes e com novas demandas de clientes, cada vez mais exigentes, face à quantidade de opções com as quais contam e com a facilidade de acesso à informação, trata-se da era 4.0, ou a Quarta Revolução Industrial, caracterizada pela disseminação da automação, da computação nas nuvens, na troca de dados e na IOT (*internet of things* – internet "das coisas").

Organizações sem fins lucrativos, como entidades assistenciais, serviço público, ONGs (Organizações não Governamentais), dentre outras, também sentem o reflexo da competitividade em função do crescente nível de exigências das pessoas; mesmo essas organizações não tendo a pressão por resultados financeiros, são comparadas com o melhor exemplo de bom atendimento disponível no mercado e, dessa forma, também precisam adotar a melhoria contínua em seus processos relacionados aos clientes.

Mesmo assim, ainda é surpreendente o quanto, de modo geral, ainda somos mal atendidos, e qual seria a razão? Bem, o mau atendimento pode ter várias causas: processos inadequados, infraestrutura ruim, desmotivação dos profissionais (em nível gerencial e/ou operacional), falta de treinamento, enfim, muitas podem ser as explicações, mas tudo se resume ao seguinte: **total falta de foco no cliente**.

Seja qual for o tipo e finalidade da organização, periodicamente, é necessário rever suas práticas e canais de atendimento. A flexibilização de horários, a inclusão de meios presenciais, semipresenciais, remotos, eletrônicos, a domicílio, 24 horas, enfim, o atendimento às expectativas dos clientes deve estar na agenda do dia de toda e qualquer organização.

A meta é a satisfação do cliente, o que se pode traduzir em uma conta simples: o que se espera em função do que, efetivamente, recebe-se. Caso o atendimento seja igual ao que se esperava, o cliente ficará satisfeito, mas, por outro lado, caso o cliente tenha um atendimento inferior à sua expectativa, o resultado será a insatisfação. Todavia há sempre a chance de surpreender o cliente, encantá-lo, ou seja, superar as suas expectativas, e isso somente se faz com qualidade no atendimento.

Para Juran[1], a definição de qualidade é **adequação ao uso**, ou seja, o que é bom ou ruim é uma questão de avaliação por parte do cliente, reforçando, dessa forma, a importância das organizações conhecerem as expectativas de seus clientes, pois, assim, pode-se criar um ciclo virtuoso: ao conhecer as expectativas dos clientes, pode-se atendê-las ou superá-las e, dessa forma, satisfazê-los ou até encantá-los, criando não só clientes, mas fãs! É o ciclo virtuoso, pois se sabe que clientes satisfeitos falam bem das empresas. Por outro lado, os insatisfeitos detonam-nas com mais força ainda.

Figura 1 – O ciclo virtuoso do atendimento

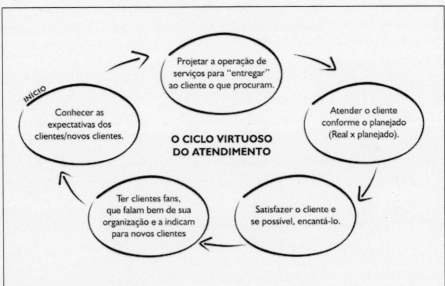

Fonte: elaborada pelo autor

---

[1] Joseph M. Juran é considerado o "pai da qualidade". Seu trabalho, que já era relevante nos Estados Unidos, ganhou projeção mundial por importantes realizações no Japão pós-segunda guerra mundial. Sua obra e legado pode ser pesquisada no site de seu instituto www.juran.com, cuja fundação data de 1979, ou seja, há muito tempo fala-se sobre qualidade.

Pode-se reforçar a importância da criação desse ciclo virtuoso (figura 1) pelo fato de que as expectativas dos clientes são geradas por três variáveis: a comunicação boca-a-boca, a experiência anterior do cliente e a propaganda formal.

A comunicação boca-a-boca (ou *mouse to mouse*, modernamente) é o processo espontâneo de divulgação, no qual se comenta a respeito de experiências positivas e/ou negativas, recomenda-se ou não uma organização, divide-se uma experiência, enfim, fala-se bem ou mal da empresa e do atendimento. Percebe-se que, cada vez mais, os smartphones ocupam o espaço dos desktops e notebooks, o que proporciona conectividade e compartilhamento de informações e experiências em tempo real. Ao mesmo tempo em que essa mudança pode ser encarada como uma grande ameaça (rapidamente a reputação de uma empresa pode ser afetada), é também uma oportunidade, desde que positivamente explorada.

Deve-se ressaltar que todo atendimento é uma prestação de serviços e como tal possui uma grande dose de subjetividade, reforçando assim a importância de estímulos positivos. Nada melhor, então, do que um depoimento positivo, um testemunhal favorável. Clientes satisfeitos falarão bem da organização, disseminando uma imagem positiva, postando depoimentos favoráveis em sites e blogs[2].

Dentre os formadores de expectativas, a experiência anterior é o estoque de vivências que cada um de nós tem. Por exemplo, se nosso histórico de satisfação quanto ao atendimento de serviços de assistência técnica é, de modo geral, ruim, nossa expectativa em relação ao próximo prestador de serviço já começa em um patamar inferior.

Já a propaganda formal é a que vemos na televisão, internet, folders, ouvimos no rádio, entre outros. Se a empresa mostra-nos que lá "somos únicos" e que teremos "um gerente exclusivo" para nos atender, nossa expectativa vai às alturas, e cria-se um compromisso a ser honrado pelo pessoal de atendimento.

Organizações com históricos negativos, "mal faladas" e até odiadas, têm o desafio de receber um cliente que, figurativamente, já chega "armado", pois suas expectativas são ruins. Todavia, nesse cenário, elas têm a oportunidade de mais facilmente surpreender. Em contrapartida, organizações modelo, admiradas e até idolatradas, recebem pessoas com expectativas "nas alturas"; surpreender é um desafio, frustrar é questão de detalhes.

---

[2] O site Reclame Aqui (www.reclameaqui.com.br) é um ótimo exemplo.

Muito embora tenhamos afirmado anteriormente sobre o quanto ainda somos mal atendidos, de forma geral percebem-se iniciativas que vão à contramão, a tendência é entender a importância do cliente para o sucesso do negócio, e, nessa linha de raciocínio, proliferam ações relacionadas:

1. Ao Design e re-design de serviços – de forma colaborativa e com processos de cocriação, nos quais o cliente opina e participa;

2. A criação de áreas de "Sucesso do Cliente"[3] – a área de atendimento trabalha para gerar resultados reais para o cliente, aquele que contratou o seu produto ou serviço;

3. A realização periódica de pesquisas de satisfação e a adoção de indicadores de desempenho, periodicamente acompanhados pela gestão;

4. Ao engajamento de funcionários para que compartilhem dos propósitos da organização e sejam entusiastas, verdadeiros apaixonados por aquilo que fazem e para quem fazem.

Atendimento: uma prestação de serviços

Já comentamos que, independentemente da atividade ou do produto final de uma empresa ou organização, o atendimento é uma prestação de serviços e, como tal, apresenta as seguintes características:

a. Serviços são intangíveis – geralmente, o serviço é algo que não gera propriedade, não pode ser colocado em uma embalagem ou pacote, é uma ação. Por esse motivo, seu resultado, muitas vezes, é imperceptível e de difícil comparação;

b. Serviços são perecíveis – o atendimento é uma ação que ocorre ao vivo e a cores, ou seja, não é possível colocar a prestação de serviço no estoque. Por exemplo, um atendente pode ficar uma manhã inteira sem atender ninguém, de repente, entram 10 ligações ao mesmo tempo, e a mensagem automática informa: "sua ligação é a de número 8, seu atendimento será em até (momento de suspense)... 10 minutos". Nessa hora, o cliente, já irritado, dirá: "não adianta, sempre demoram a atender";

c. Serviços são pessoais – excetuando-se o atendimento eletrônico de uma central telefônica, por exemplo, ou o caixa eletrônico do banco,

---

[3] Uma ótima dica de leitura é *Customer Success: como as empresas inovadoras descobriram que a melhor forma de aumentar a receita é garantir o sucesso dos clientes*, de Steinman, Murphy e Metta.

a maioria das ações de atendimento baseia-se em pessoas (quer sejam presenciais, por telefone ou virtuais). São pessoas lidando com pessoas;

d. Serviços são variáveis – uma vez que se trata de pessoas lidando com pessoas, há um espaço considerável para a variabilidade. Três atendentes que executam a mesma rotina podem apresentar pequenas (ou grandes) variações, uma vez que todos não sorrirão da mesma forma, não olharão o cliente da mesma maneira e não demonstrarão sua satisfação em ter um cliente à frente da mesma forma. Soma-se a isso o fato de um ter discutido em casa com a esposa antes de entrar no serviço; ou ainda, da atendente estar de TPM[4] (Tensão pré-menstrual) e nem ter se apercebido disso. Certamente, são situações do cotidiano com as quais os leitores se identificarão;

e. Serviços são subjetivos – os serviços carregam consigo uma grande dose de subjetividade, visto que sua "matéria-prima" principal são as pessoas. Seguindo o protocolo de atendimento, ao receber um cliente, o atendente disse: "bom dia, seja bem-vindo"; como será que o cliente recebeu a saudação que acabou de ouvir? Será que ficou feliz e retribui na mesma medida? Será que entendeu como algo mecânico e interesseiro e retribuiu negativamente? Essa é a subjetividade presente na interação entre o atendente e o cliente;

f. Serviços são imprevisíveis – mesmo treinando exaustivamente uma equipe de atendimento, investindo em seu desenvolvimento, nunca estaremos 100% preparados. Não há como prever a reação das pessoas, considerando quem atende e quem será atendido. Muita coisa diferente do previsto pode acontecer;

g. Serviços demandam profissionais muito bem preparados – talvez possa parecer lugar comum essa afirmação, pois em qualquer atividade há essa demanda, mas, em função de todas as outras características anteriormente expostas, profissionais que trabalham com serviços, e especificamente no atendimento, têm que ser muito qualificados para dar conta de sua missão.

A organização que consegue uniformizar o seu atendimento, em um patamar que possibilite, no mínimo, a satisfação do cliente, com uma boa gestão do processo, de tal forma que consiga dar conta de demanda acima do normal (picos) e que treine constantemente sua equipe para estar preparada para lidar com o imprevisível, estará, assim, criando um diferencial.

---

[4] Nota do autor: ao citar como exemplo a TPM, não se tem o objetivo de discriminar as atendentes, mas sabe-se que, durante esse período, há uma alteração hormonal e consequentemente, um turbilhão de emoções.

Trata-se de algo que se pode tentar copiar, mas é exclusivo e, por isso, gerador de vantagens competitivas, mesmo considerando o desafio que é lidar com a subjetividade humana.

O objetivo é criar um ciclo virtuoso: cliente satisfeito fala bem e, assim, gera novos clientes.

O atendimento nas diferentes fases do Marketing

Enquanto em outros países, principalmente nos Estados Unidos, vive-se a preocupação com necessidades e desejos dos clientes desde os anos de 1950 (ação essa que caracteriza a denominada **Era do Marketing**), no Brasil, esse foco chegou mais tarde, visto que o acirramento da competitividade surgiu somente a partir da década de 1990 com a abertura do país aos produtos importados.

A competitividade, sozinha, não foi suficiente para mostrar às empresas a imperatividade de se cuidar melhor de seus clientes. Em 1990, surge o Código de Defesa do Consumidor. Dessa forma, quer seja por uma questão estratégica, quer seja por um aspecto legal, as empresas passaram a ser (ou ter que ser) mais cuidadosas com o atendimento e a satisfação do cliente e, consequentemente, com um bom serviço ao cliente.

Fazendo um rápido recorte histórico (excetuando-se o Brasil), a mercadologia (ou apenas Marketing) experimentou duas fases distintas antes da chamada Era do Marketing (anos 50).

Inicialmente, com a Revolução Industrial, a produção em massa abasteceu mercados mundiais sedentos por consumir tudo o que era produzido. Nesse cenário, o atendimento ao cliente era algo irrelevante, assim como a mercadologia. Não sem motivo, esse período denominou-se "**Era da Produção**", caracterizado por um Marketing praticamente incipiente, pois todo o foco da gestão concentrava-se na eficiência da fabricação.

Posteriormente, próximo ao período pós-Depressão norte-americana, até os anos 50, o que se tem é o contínuo crescimento industrial e um super abastecimento, ocasionado principalmente pelo recuo da demanda face ao empobrecimento generalizado em função das duas grandes guerras mundiais. Nesse contexto, a mercadologia caracteriza-se pela **Era das Vendas**, quando o atendimento ao cliente não tem como foco a sua satisfação. O objetivo era o seu convencimento; o que se deseja é que o cliente seja persuadido a comprar! E a comprar o que estava disponível, produtos concebidos sem levar muito em consideração a opinião do cliente.

Resumidamente, podemos perceber que o atendimento ao cliente, com foco em sua satisfação, passa a ser importante a partir da Era do Marketing (anos de 1990) e, principalmente, na **Era do Marketing de Relacionamento**.

O século XX, em termos mundiais, é o do Marketing de Relacionamento. As empresas passam a preocupar-se não só em atrair os clientes, mas também em criar relacionamentos de longo prazo. Não há como pular estágios, primeiro, é necessário conhecer bem os clientes (e suas necessidades e desejos – características da Era do Marketing) para cativá-los de tal forma que permaneçam e realizem mais do que apenas, uma única "compra" (preocupação da Era do Marketing de Relacionamento).

O século XXI caracteriza-se pelo **Marketing de Experiência**, ou seja, oferecer ao cliente muito mais do que um produto ou serviço, **uma experiência**. Visitar um parque da Disney, comer em um restaurante temático, ou que se esmera nos mínimos detalhes, comprar uma roupa cuja parte da renda vai para uma ação social, retirar seu veículo novo na concessionária, ser fotografado e receber um buquê de flores, enfim, tornar a compra uma experiência (positivamente) inesquecível ao cliente.

E o profissional de vendas (e atendimento) na era do Marketing de experiência? Seu papel mudou

Com a digitalização das relações, tanto pessoais quanto profissionais, pode-se questionar sobre o real papel do profissional de vendas (e atendimento) no contexto atual. Seriam profissionais em extinção? Será que as novas tecnologias tornarão os profissionais do atendimento totalmente descartáveis?

Utilizei propositalmente a palavra "totalmente", no parágrafo anterior, pois o leitor, no ato, deve ter dito: "descartáveis, mas não totalmente". Todavia duas pesquisas recentes[5] conduzidas junto a profissionais de vendas, gestores e clientes demonstraram que vendedores e profissionais de atendimento podem ser um grande diferencial competitivo.

---

[5] O grupo de pesquisa Dserv (Design de Serviços e comportamento do consumidor), vinculado ao mestrado profissional em Design da Universidade da Região de Joinville (Univille) realizou duas pesquisas em anos diferentes, mas seguindo a mesma metodologia. Foram ouvidos vendedores, seus gestores e compradores (ou clientes) de pequenas, médias e grandes empresas.

A primeira pesquisa focou as vendas industriais e, a partir das entrevistas definiu diretrizes para projetos de design de serviços para a indústria. A partir dessas diretrizes, tem-se o que se espera de um profissional de vendas industriais (vendas técnicas), o que pode ser mais bem observado na figura 2.

Figura 2 – O que se espera de um profissional de vendas na área industrial (vendas técnicas)

Fonte: elaborada pelo autor com base no relatório técnico de Vaz (2018)[6]

---

[6] Franciele Vaz concluiu seu mestrado no início de 2018 e seu projeto *Design de Serviços para o setor de vendas na indústria* está disponível para consulta pública em:
https://www.univille.edu.br/account/ppgdesign/VirtualDisk.html/downloadDirect/1276154/Franciele_Vaz.pdf

A segunda pesquisa, por sua vez, debruçou-se sobre a área de serviços e, seguindo o mesmo questionário, definir diretrizes para essa área. Assim como na pesquisa anterior, o resultado apresenta o que se espera de um profissional de vendas na área de serviços, o que pode ser mais bem observado na figura 3.

Figura 3 – O que se espera de um profissional de vendas de serviços

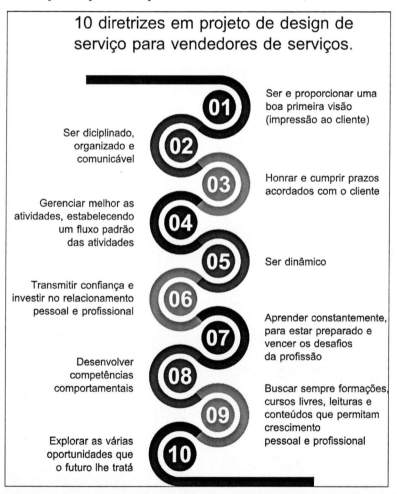

Fonte: elaborada pelo autor com base no relatório técnico de Gulgen (2019)[7]

---

[7] Encabeçada por Luciano Gulgen, a pesquisa na área de serviços consta do relatório técnico intitulado **Programa de desenvolvimento de profissionais de vendas na área de serviços**; com esse trabalho, o autor obteve seu título de Mestre em Design em 2019. O documento completo encontra-se disponível em https://www.univille.edu.br/account/ppgdesign/VirtualDisk.html/downloadDirect/1653359/56.Luciano_Gulgen.pdf

Não é de se estranhar a importância dos profissionais de vendas e atendimento no processo de satisfação do cliente, ao se considerar que nós, brasileiros, somos diferentes de outros povos. Nossas demandas são específicas, ou seja, uma oportunidade para as organizações que estiverem atentas a isso.

Brasil, um país de contrastes

O Brasil, notadamente, caracteriza-se por ser um país de contrastes e, nesse contexto, deve-se compreender que temos ao mesmo tempo, organizações nos primórdios das eras de produção e vendas, e outras investindo muito em oferecer uma fantástica experiência ao cliente.

Mas, além do atraso temporal, aqui no Brasil, temos diferenças culturais e sociais que nos distanciam de outros povos e, principalmente, de nações desenvolvidas, de onde importamos muitos manuais de atendimento ao cliente.

Nós, brasileiros, de modo geral, somos:

a. Mais relacionais;

b. Uma população mais pobre;

c. Menos escolarizados.

Comparando com estrangeiros, podemos afirmar, sem medo de errar, que o brasileiro, por natureza, é um povo mais relacional. Com variações para mais ou para menos, todos gostamos de atenção, diálogo e reconhecimento. Precisamos ser percebidos, ou seja, notados, quando o assunto é atendimento. O brasileiro é fã da "barganha" (negociação), do diálogo, da atenção personalizada e da proximidade (contato físico), coisas inimagináveis em outras culturas, como por exemplo, na oriental.

Guga Stocco, *head* de estratégia e inovação do Banco Original, uma instituição financeira sem agências e totalmente baseada na internet, afirmou no programa *Mundo S/A*[8] (exibido em 2018) que todo o atendimento ao cliente do banco é prestado por um *"BOT"* (abreviatura para *Robot* ou *Chatbot*), porém, pesquisas internas revelam que 84% dos

---

[8] O programa Mundo S/A é exibido pelo canal de assinaturas Globo News. Os episódios sobre Inteligência Artificial e Mercado de Luxo podem ser encontrados no Youtube.

consumidores preferem a interação com humanos para resolução de dúvidas e problemas.

Apesar de os avanços sociais e os dados governamentais demonstrarem que milhões de brasileiros saíram da pobreza aguda, ainda temos um país muito pobre e pouco desenvolvido culturalmente (do ponto de vista da instrução formal), quando comparado às nações mais desenvolvidas. São pessoas que terão dificuldades de entender instruções escritas, seguir protocolos de autoatendimento em caixas eletrônicos, ou até mesmo de pegar a senha correta para o serviço que desejam.

O desafio em relação às diferenças culturais e sociais é a adaptação de modelos de atendimento estrangeiros à nossa realidade.

Importamos o autosserviço dos Estados Unidos e, em algumas situações, ele funciona bem, como em supermercados, mas, apesar de alguns preferirem não ter contato com ninguém no processo de compra, é sempre bom ter alguém por perto para prestar um bom atendimento, ou ninguém nunca ouviu em uma loja de departamentos, onde o padrão é o de autoatendimento, alguém irritado perguntando: "não tem ninguém aqui para atender?!".

Outra cena cotidiana é a dificuldade em lidar com os procedimentos nos caixas eletrônicos; experimente ir a uma agência bancária de um banco de varejo para ver o quão necessários são os atendentes próximos aos terminais.

Yves Carcelle, presidente mundial da Luis Vuitton, afirmou ao programa *Mundo S/A* (exibido em 2013) que "o gosto pode ser o mesmo no mundo inteiro, mas a exigência no serviço é mais aguda aqui", referindo-se ao Brasil. Nesse mesmo programa, um consultor que atua no mercado de luxo afirmou: "o Brasil é o único país onde se compra luxo em 10 parcelas fixas no cartão".

Somos diferentes e, por isso, o atendimento deve ser planejado e organizado para dar conta do cliente brasileiro, de suas expectativas, necessidades e desejos, além da diversidade sociocultural desse país continental.

Necessidades humanas

Maslow[9], em sua hierarquia das necessidades, considera que o ser humano tem, essencialmente, três níveis de necessidades: as fisiológicas, as psicológicas e a de autorrealização.

As necessidades fisiológicas são as básicas, como se alimentar, dormir, ir ao banheiro, entre outras; dizem respeito essencialmente ao bem-estar físico, ou seja, um desconforto físico gera um incômodo, que avisa nosso cérebro que algo está errado, e sendo a "máquina" perfeita que somos, procuraremos uma condição que nos devolva o bem-estar. O desconforto físico gera insatisfação, alterações emocionais, dor e até desfalecimento. Cada pessoa pode ter uma tolerância diferente quanto à dor, à fome, ao cansaço, ao sono, mas a percepção geral do que incomoda tende a ser mais universal, aproximando o nível de avaliação das pessoas a um patamar mais claro e mensurável.

Já as necessidades psicológicas, mesmo tendo um caráter mais personalizado, têm uma relação com a cultura e com os hábitos de uma sociedade. Dizem respeito à segurança (sensação de bem-estar e proteção), ao pertencimento (aprovação social, ser aceito pelo grupo e ter opiniões acatadas) e ao status (reconhecimento).

A necessidade de autorrealização é a mais subjetiva. Trata-se da plenitude da realização humana; para alguns uma utopia; para outros, um estágio possível de ser alcançado de forma muito simples.

Independentemente dos novos cenários, como as diferentes Eras do Marketing, competitividade e avanços tecnológicos, o atendimento é uma relação baseada em pessoas e, dessa forma, tem-se como elemento central o ser humano e suas necessidades. Ou seja, dois princípios básicos, em um primeiro momento, devem ser considerados:

a. As pessoas querem ser bem recebidas fisicamente (bem-estar físico);

b. As pessoas buscam ser bem recebidas emocionalmente (bem-estar emocional).

Esses dois princípios estão relacionados ao que podemos denominar de pré-atendimento, ou seja, o cliente ainda não foi efetivamente

---

[9] Abrahan H. Maslow, psicólogo norte-americano, tornou-se conhecido no campo da gestão por seu trabalho intitulado "A hierarquia das necessidades", muito utilizado para entender a questão da motivação para o trabalho. O site www.maslow.com reúne suas publicações, vídeos e conferências.

atendido, não expôs ainda o seu objetivo, aquilo que o moveu a procurar o atendimento.

Em um segundo momento, durante o efetivo atendimento, a necessidade do cliente de autorrealização faz-se presente. O que o cliente busca é que "seu problema" seja resolvido. O que pode se alterar são os meios, mas o que uma pessoa sempre busca é a sua satisfação. Isso perpassa as diversas épocas e momentos históricos e econômicos.

Baseados em atender às necessidades humanas e em satisfazer os clientes, devem estar todos os métodos, processos, técnicas e formas de atendimento ao público. Em cada ação de atendimento, a equipe precisa, sempre, ter em mente que o cliente à sua frente está ávido em satisfazer suas necessidades de bem-estar físico e emocional, e de autorrealização.

Vale salientar novamente: apesar dos novos cenários, as demandas são antigas; somos todos seres humanos e, no mínimo, gostamos e precisamos ser bem recebidos física (necessidades fisiológicas) e emocionalmente (necessidades psicológicas), e que nossos problemas, ansiedades, desejos e expectativas sejam resolvidos (necessidade de autorrealização).

O atendimento e a atratividade do cliente

Pode-se (e deve-se) oferecer múltiplas opções de atendimento ao cliente, pois as palavras de ordem são: comodidade e agilidade. Esse novo cenário pode tornar o atendimento presencial (pessoal) uma última etapa.

Com a competitividade e o grande número de opções disponíveis, o consumidor sente-se, muitas vezes, perdido e, dessa forma, pode em um primeiro momento examinar o site das empresas e estabelecer um contato telefônico com aquelas que mais se interessar, para obter melhores informações.

É de se esperar que, considerando-se as diversas opções de canais de atendimento, crie-se uma hierarquia de etapas entre o primeiro contato do cliente com a organização e o efetivo atendimento. Nesse sentido, quando possível, e dependendo da empresa ou organização, pode-se considerar que o cliente talvez percorra o seguinte caminho (figura 4):

Figura 4 – Etapas do atendimento

Fonte: elaborada pelo autor

O caminho descrito na figura 4, como já comentado, pode não ser a realidade de todo tipo de negócio (veja, por exemplo, empresas totalmente virtuais, Netflix, Nubank, dentre outras), mas pode ser uma tendência futura (ou realidade) para muitos, e, por isso, planejar cada detalhe relacionado a uma possível interação com o cliente é cada vez mais imprescindível.

Um site desatualizado, de difícil navegação e com dificuldade de se localizar as informações, ou mesmo um chat que não funciona ou que não está disponível pelo menos no horário comercial, tudo isto pode espantar o cliente, pois opções de fornecedores é que não faltam. Isso porque nem comentamos dos famosos links "fale conosco", nos quais se manda uma mensagem e não se obtêm qualquer tipo de retorno.

É imperativo estar nas redes sociais. Porém devemos fazê-lo de forma profissional, ou seja, com planejamento, com conteúdo bem produzido e bem pensado e que seja relevante e útil para o cliente.

Mas imagine que a etapa do site foi vencida (e isso já é uma vitória), e o cliente interessou-se por sua empresa ou organização e faz um contato telefônico. A demora em atender, a falta de conhecimento ou mesmo de treinamento podem novamente pôr tudo a perder, e, por vezes, as empresas fazem economias pouco inteligentes.

Observemos o seguinte exemplo: um interessado telefona para uma escola perguntando sobre matrículas para o primeiro ano do ensino médio e, infelizmente, sente-se insatisfeito com o atendimento prestado. Considerando uma hipotética mensalidade de R$ 1.000,00, o mau atendimento acabou de espantar um possível faturamento de R$ 36.000,00, pois o futuro aluno tenderia a permanecer na escola pelos três anos do ensino médio (ou seja, R$ 1.000,00 x 36 meses – sem atualizações monetárias).

Por fim, imaginado que a barreira do atendimento telefônico foi vencida, deve-se considerar que é uma grande oportunidade poder atender presencialmente o cliente, ou seja, não se pode, de forma alguma, perder a chance de satisfazê-lo, encantá-lo e cativá-lo. O contato pessoal com o cliente é uma chance que não pode ser desperdiçada, pois talvez outras etapas foram mal aproveitadas pela concorrência. Ter o cliente pessoalmente será cada vez mais um privilégio.

Cada operação tem características próprias e, por esse motivo, é fundamental um constante monitoramento da qualidade no atendimento e revisão de procedimentos, pois os clientes e suas expectativas mudam constantemente.

Clientes, consumidores e usuários

Não podemos finalizar essa etapa sem elucidar alguns conceitos. Do ponto de vista mercadológico, dizemos que cliente é quem compra, e consumidor é quem efetivamente utiliza um produto. Uma pessoa pode ser, ao mesmo tempo, ambos. Vou a uma loja de sapatos e me "presenteio" com um novo calçado. Mas, na mesma loja de sapatos, posso ser cliente e não consumidor, caso compre um presente para outra pessoa.

Em operações de serviço, utiliza-se a expressão *usuário*, ou seja, quem efetivamente utiliza-se do serviço. Nesse sentido, uma pessoa pode ser, ao mesmo tempo, cliente e usuário se, ao ligar para a empresa telefônica, disser: "minha internet não está com a velocidade contratada".

O leitor pode achar que é um excesso, mas, pensando no Design de Serviços, no qual é fundamental entender muito acerca do cliente, temos que considerar qual é o tipo de operação, e, se nosso cliente também é usuário ou se é somente cliente, pois outra pessoa é o usuário e, nesse cenário, é importante ouvir os dois. Enfim, fica o alerta, mas, para simplificar, em todos os próximos capítulos, utilizaremos a expressão cliente, cientes de que o leitor foi alertado quanto às possibilidades (cliente, consumidor e usuário).

Resumo do Capítulo 1

Novos cenários
O ciclo virtuoso do atendimento.
A era do Marketing de experiência.
As novas etapas (hierarquia) de atendimento ao cliente.
Tirar o maior proveito possível do contato pessoal com o cliente, pois isto será cada vez mais raro.
Conhecer bem clientes, consumidores e usuários.
Velhos desafios
Atendimento ao cliente, uma prestação de serviço.
O Brasil continua sendo um país de contrastes.
Entender e atender às necessidades humanas.

Check list – Avalie sua organização

A sua operação de atendimento tem a qualidade adequada às necessidades dos clientes?

Seu atendimento cria um ciclo virtuoso?

Considerando as características exclusivas dos serviços, os profissionais de sua operação são (estão) muito bem preparados?

Sua organização já está na Era do Marketing de Experiência?

Seu serviço está bem organizado para a nova hierarquia de atendimento? Se for o caso, sua organização aproveita a grande oportunidade do contato pessoal com o cliente?

Sua organização conhece os clientes e/ou consumidores (ou usuário)?

CAPÍTULO 2

O DESIGN DE SERVIÇOS, UMA NOVA ABORDAGEM DO ATENDIMENTO AO CLIENTE

(Com a colaboração de João Menezes Neto[10])

Normalmente, somente os profissionais da área de Design sabem o que é Design, pois há uma gama muito grande de conceitos, além do próprio senso comum.

Nesse sentido, antes de falar sobre Design de Serviços e sua valiosa contribuição para o projeto de operações de atendimento ao cliente, é necessário conhecer um pouco melhor o que é Design e suas origens.

Design – conceito e origem

Desde a antiguidade, o homem e seus ancestrais diferenciavam-se de outras espécies pela prática criativa. As ferramentas criadas para facilitar tarefas, como caçar, cortar ou transportar itens, são uma representação do nosso potencial em identificar problemas, conceituar e executar soluções. Para Fayga Ostrower[11], artista e estudiosa da área, somos seres repletos de sensibilidade, o que faz com que a criatividade seja uma necessidade nata do ser humano.

Avançando na linha do tempo, é essencial destacar como a Revolução Industrial transformou a produção de bens, automatizando o que antes era artesanal em algo massivo, aumentando a produtividade e a capilaridade do comércio.

---

[10] designer, educador e empreendedor. Mestre em Design pela Univille. Atua como gerente de Product Design no Nubank, maior banco digital do mundo, com foco na experiência dos clientes pessoa jurídica. Previamente, atuou como coordenador de Design na Conta Azul, empresa de tecnologia que desenvolve uma plataforma de gestão de negócios na nuvem. Professor em cursos livres e especializações. jmenezes.n@gmail.com

[11] Conheça mais sobre essa artista em: https://faygaostrower.org.br/

Se compararmos o que um artesão era capaz de produzir em um dia de trabalho em relação às máquinas da época, perceberemos que uma das consequências da industrialização foi inundar o mercado de produtos.

Outro desdobramento diz respeito à padronização, ao dissociar o trabalho criativo do produtivo. Antes, o que era um processo conduzido por uma pessoa – o artesão –, agora o conceber e o produzir transformaram-se em operações distintas, alguém projeta e outros produzem. Nesse contexto, reside a origem do Design ou, como muitos conhecem, *desenho industrial*.

A própria palavra remete-nos a desenho. A consulta a um dicionário inglês/português revela que, na forma de um substantivo, "Design" é um projeto, esboço, modelo, dentre outras definições; como verbo, é o mesmo que projetar, planejar, desenhar.

Em um segundo momento, percebe-se uma preocupação estética nessa *concepção de produto para produção* (conceito da Revolução Industrial). Estamos falando da Escola Bauhaus (Alemanha), na década de 1900. É o primeiro registro formal de ensino do Design, ou seja, o Design como disciplina em cursos de "design básico". Mozota[12] afirma que se trata do que conhecemos como Design moderno; a arte sendo funcional e criando formas universais para a indústria.

Podemos visualizar que algo ganha status, tem reconhecimento, quando vira profissão. Na década de 1930, nos Estados Unidos, surgem os primeiros designers, ou seja, profissionais do Design. Pessoas que trabalhavam em indústrias e tinham como missão agregar aos produtos a tradução das necessidades do consumidor. Estamos falando do Design de produtos.

Em paralelo, a indústria da propaganda também ganha corpo e agrega ao seu processo o designer gráfico, responsável pela criação de tipologias e pela comunicação visual – uma área de domínio do Design desde a Revolução da Imprensa, com a invenção da prensa e dos blocos tipográficos em 1440. Podemos perceber que os designers não estão somente nas indústrias, mas em outros tipos de organizações, entretanto ainda diretamente ligados aos produtos fabricados em indústrias.

A Segunda Guerra Mundial foi um período importantíssimo para os Estados Unidos. Por entrarem um pouco depois que os demais países e por estarem protegidos por dois oceanos, um de cada lado, tornaram-se

---

[12] Brigitte Borja de Mozota é pesquisadora na área de Design desde 1995. No Brasil, o seu livro Gestão do Design é referência na área.

a gigante industrial. Sem contar os inúmeros talentos estrangeiros que adotaram a pátria estadunidense como lar, fugindo da guerra.

Como potência industrial, empresas americanas expandiram-se mundo afora e, na carona, foram também suas práticas, ou seja, percebe-se no pós-guerra uma internacionalização do Design (tanto em produtos quanto na moda e na comunicação visual, parte do Design Gráfico).

Em termos mundiais, a década de 1980 – 1990 caracteriza-se pela globalização e consequente acirramento da concorrência, aumentando significativamente a importância do Design como elemento de criação de diferenciais competitivos. Escritórios especializados em Design proliferam e passam a oxigenar com novas ideias, alimentadas por um crescente movimento de desvendar os consumidores, as áreas internas de Design das indústrias.

Nesse período, enquanto o designer de produto passa a lidar com a tecnologia eletrônica e automação, o designer gráfico começa a desvendar os segredos da *Web* (internet – sites).

Mozota afirma que o desafio atual do Design é a questão da sustentabilidade.

O Design passa a lidar com uma indústria que precisa produzir para sobreviver, inovar, diferenciar-se dos demais e, por isso, precisa ser economicamente sustentável, mas que, em paralelo, lida com a crescente escassez de recursos, matérias-primas não renováveis, poluição, descarte consciente, ou seja, uma indústria que precisa ser sustentável em termos ambientais.

É natural que o entendimento das pessoas quanto ao Design esteja restrito ao sentido literal da palavra (desenho) ou a uma atividade industrial (desenho industrial), dada a sua origem, mas, ao observarmos uma definição mais técnica do que é Design, podemos visualizar novas fronteiras.

Após trabalhar diversos anos na docência e com designers, entendo que o Design é uma área de conhecimento que reúne os saberes de diversas disciplinas, com foco em traduzir as necessidades e desejos das pessoas ou tão somente a criatividade dos designers, em produtos, serviços, processos, imagens, dentre tantos objetos materiais e imateriais.

Para o *International Council of Societies of Industrial Design*[13], o Design diz respeito a produtos, serviços e sistemas concebidos com as ferramentas, organizações e lógica introduzidos pela industrialização (não apenas quando

---

[13] Conheça o trabalho do ICSID no site: www.icsid.org

produzidos por processos seriados) e é o fator central da humanização inovadora de tecnologias e o fator crucial de intercâmbio cultural e econômico.

Trata-se de uma atividade criativa cujo objetivo é estabelecer as qualidades multifacetadas de objetos, processos, serviços e seus sistemas em ciclos completos de vida. Para tanto, tem como uma de suas tarefas, melhorar a sustentabilidade global e a proteção ambiental, além de gerar benefícios e liberdade para toda a comunidade humana (individual e coletiva).

Devemos enfatizar na definição anteriormente citada que o Design diz respeito a produtos, serviços e sistemas.

Ocorre que, em termos mundiais, outro setor econômico ganhou crescente importância, principalmente no pós-guerra: o setor de serviços, principalmente nas economias desenvolvidas.

Costuma-se dizer que o desenvolvimento de um país pode ser medido pela participação do setor de serviços em seu produto interno bruto (PIB).

Onde há crescimento, há, consequentemente, um acirramento da concorrência e, se o Design tem sido um elemento de criação de diferenciais competitivos, principalmente no pós-guerra, não poderia deixar de ser utilizado por organizações de serviços. Estamos falando do Design de Serviços.

Design de Serviços

Ao longo do tempo, os designers têm utilizado metodologias em seus processos. As metodologias podem ser mais ou menos formalizadas, mas alguma sequência de atividades ou tarefas, sempre existe.

Entendendo o Design como um processo, para Mozota, quatro características são essenciais: **criatividade**, **complexidade**, **comprometimento** e **capacidade de escolha**.

É necessário criar evoluções incrementais ou conceber artefatos inteiramente novos (**criatividade**), sendo que muitas decisões envolvendo diversas variáveis são tomadas (**complexidade**), procurando equilibrar a questão de custos com o desempenho, a sustentabilidade, dentre outras (**comprometimento**). Muitas opções são geradas até que se defina uma **capacidade de escolha**.

No processo criativo, o designer pode subsidiar-se de informações acerca dos clientes, pesquisas de mercado, conhecimento da equipe de vendas ou, simplesmente, em suas percepções pessoais, ou aquilo que imagina ser bom para o mercado. Ou seja, há espaço tanto para a criação conjunta quanto para a prescrição a partir do diagnóstico do próprio designer.

O Design de produto vai originar um bem físico, tangível, algo que pode ser manuseado, manipulado e, o mais importante, algo que produz resultados mensuráveis.

Independentemente de o cliente gostar ou não da imagem, no manual do produto, está escrito que o aparelho deve ser instalado em determinada altura ou posição, que deve ser ligado em uma fonte com determinada voltagem e que as pessoas devem manter uma distância mínima de "x" metros, para uma melhor visualização. Caso o cliente chame a assistência técnica, o técnico dialogará com o cliente baseando-se nesses referenciais e, talvez, a solução apresentada seja a substituição do produto por outro modelo, mais indicado para o ambiente do cliente. Mesmo que a subjetividade esteja presente como algo natural ao prestador de serviço, a execução desses protocolos reduz a ambiguidade nesses casos, alinhando a expectativa do profissional e do cliente.

O que caracteriza o Design de Serviços é o seu comprometimento com o cliente (no caso de serviços – usuário). Preconiza-se que o usuário deve ser compreendido não só no momento em que toma contato com a organização de serviços, mas integralmente, ou seja, devem-se conhecer seus hábitos, desejos, relacionamentos e necessidades. É o conhecimento profundo do cliente, de seus valores, costumes e crenças. Para tal, o designer de serviços desenvolve mapeamentos sistêmicos das organizações, identificando a relação entre os diferentes agentes nos serviços.

Lara Penin[14], por exemplo, destaca os serviços como a infraestrutura sutil da sociedade. Ao utilizarmos serviços como transporte, alimentação e bancos, tornamo-nos parte de uma intricada rede de consumo que tem a cidade como seu cenário. E, muitas vezes, essa rede é completamente invisível ou intangível.

De forma complementar, Tom Kelley[15] afirma que o designer observa os clientes em situações de vida real e procura perceber os problemas em que esses tropeçam, as dificuldades que encontram. Esses obstáculos são o

---

[14] Professora, escritora e especialista na área do Design de Serviços. Seus vídeos são referência no Youtube, principalmente a série *Desenhando serviços para pessoas reais*.

[15] Autor de *A arte da inovação*, dentre outros livros, Kelley é o renomado designer líder da *Ideo* (www.ideo.com), empresa de consultoria que atua em nível mundial "levando a chama da inovação para dentro das empresas", como afirma em seus textos e entrevistas.

ponto de partida para criar algo completamente novo. Kelley complementa afirmando que o Design, além de incidir nos traços estéticos ou físicos dos produtos, cria inovações nas experiências que são oferecidas ao cliente. E a inovação é fator chave para o sucesso em um ambiente competitivo.

A associação profissional global *Service Design Network*[16] define o Design de Serviços como a atividade de planejar e organizar pessoas, infraestrutura, comunicações e materiais de uma operação de serviços focando a melhoria de sua qualidade e a interação entre fornecedor de serviço e clientes. A proposta metodológica do Design de Serviços é que esse processo ocorra de acordo com as necessidades dos consumidores (ou participantes), de forma que o serviço seja *user-friendly*, competitivo e relevante para os clientes.

Metodologias do Design de Serviços

Dentre as metodologias emergentes adotadas por designers, o *Design Thinking* é uma abordagem orientada para dados, dividida em três fases: observação, idealização e implementação. Na observação, é necessária uma profunda pesquisa acerca do cliente. Na idealização, uma equipe multidisciplinar realiza sessões criativas para levantamento de ideias e possíveis soluções. E, por fim, na implementação, a mesma equipe decide como tornar realidade o que foi idealizado. É comum que projetos de Design de Serviços apoiem-se nessa abordagem, mas, como destacado por Moritz, com uma preocupação adicional: a participação do cliente no processo, ou seja, o cliente não "participa" somente durante as pesquisas, mas também na fase de idealização e implementação.

De forma complementar, outra abordagem que apoia profissionais que trabalham com artefatos interativos, como websites, jogos eletrônicos e softwares é o Design de Interação. Começando novamente pelo entendimento das necessidades (ou requisitos) dos clientes, o profissional desenvolve alternativas que preencham esses requisitos e versões que possam ser testadas e avaliadas pelos clientes. Por fim, a avaliação retroalimenta o fluxo. Percebe-se mais participação do cliente no processo.

Metodologias ligadas ao Design de Interiores podem auxiliar no projeto do ambiente físico da operação de serviços, assim como o Design Gráfico

---

[16] Conheça mais sobre o trabalho do SDN no site: www.service-design-network.org

também contribui com a comunicação visual, identificação e sinalização. Nesse sentido, Moritz[17], um estudioso da temática, afirma que o Design de Serviços não se trata de uma nova especialidade do Design; trata-se de uma plataforma multidisciplinar de especialidades.

O autor propõe não uma metodologia ou um processo, mas o que denomina como tarefas ou atividades que devem ser conduzidas em um processo de Design de Serviço:

a. Compreender;

b. Pensar;

c. Gerar;

d. Filtrar;

e. Explicar;

f. Realizar.

A primeira tarefa é a de **(a) compreender**. Como já enfatizado, o Design de Serviços pressupõe a total compreensão do cliente, considerando uma abordagem holística, ou seja, descobrindo suas necessidades (conscientes e latentes) além de todo o contexto, restrições e recursos. O designer pode fazer uso de pesquisas já realizadas (literatura – internet – artigos) ou realizar suas observações, entrevistas, grupos de foco ou mesmo, recorrer a pesquisas com base etnográfica. Uma contribuição da área mercadológica pode ser considerada, estou falando de perguntas como: quem compra, o que compra, quando compra, quanto compra, como compra, onde compra, por que compra, que benefícios busca, quem o influencia, qual o seu perfil, suas crenças, seus grupos de referência, dentre outras

De posse de toda informação coletada, deve-se **(b) pensar**; sistematizar o conhecimento adquirido, especificar e definir o escopo do trabalho, definindo objetivos. Podem-se utilizar mapas mentais, diagramas de afinidades, matriz de prioridade e dessa forma, criar cronogramas e planos de trabalho.

Tendo um foco definido, podemos **(c) gerar ideias** relevantes, inteligentes e inovadoras e desenvolver soluções e processos, maneiras de trabalhar com os clientes, levando em consideração o ambiente de negócios

---

[17] Stefan Moritz é um designer especializado em serviços, com passagem pela Disney e Phillips. No seu site (www.stefan-moritz.com) seu livro sobre Design de Serviços está disponível para download (em inglês).

e possíveis cenários. Simulações, dramatizações e fluxogramas são formas de gerar ideias e verificar interfaces e conexões.

Podemos gerar inúmeras possibilidades, mas é necessário **(d) filtrar**, ou seja, selecionar o que é melhor levando em consideração questões técnicas, legais, econômicas, facilidade de compreensão e implementação e até aspectos subjetivos (preferências, hábitos, aceitação da equipe).

Selecionadas as melhores alternativas, deve-se **(e) explicar**. Trata-se da tradução da expressão utilizada por Moritz, mas, em português, entendo que poderíamos utilizar a expressão "tornar tangível", ou seja, estimular todos os sensos, utilizar imagens, *personas*[18], protótipos e cenários. A(s) ideia(s) e conceito(s) selecionado(s) pode(m) ser dramatizado(s) pela equipe em um cenário imitando a operação (com as modificações projetadas); alguém interpreta o cliente, ou mesmo podemos utilizar clientes reais, e suas considerações são ouvidas, o que é até melhor.

Vamos à implementação, então? É o **(f) realizar**, ou seja, fazer acontecer. Desenvolver, especificar e implementar soluções, protótipos e processos. Treinar a equipe nos novos processos. Sugere-se um período de testes das novas diretrizes antes de sua total implementação, para poder avaliar realmente sua aplicabilidade e fazer os ajustes necessários, retroalimentando todas as etapas novamente.

Um caso prático e interessante é o da empresa aérea Gol, que, em 2010, começou um processo de implantação de lojas fora dos aeroportos. Sua motivação foi alcançar o consumidor classe C e D que viajava de ônibus e que, por seu perfil, sua cultura e seus hábitos de consumo, não iria a um aeroporto ou consultaria um site para comprar sua passagem aérea.

Ao se debruçar sobre esse público, a Gol percebeu que são pessoas sem nenhuma experiência na compra de passagens, com total desconhecimento do processo e, por esse motivo, desenvolveu a sua equipe tomando o cuidado em treiná-los para um atendimento completo, caloroso e paciente. Elaboraram ainda uma cartilha com dicas para a primeira viagem, cuidados com a bagagem e os procedimentos necessários.

Desde a política comercial (com prestações a perder de vista) até o ambiente da loja (sem balcões, com mesas) e sua localização foram pensados. O resultado é que a primeira loja montada em um bairro popular de

---

[18] No Design, assim como em outras áreas (psicologia, publicidade etc.) *personas* são como personagens fictícios que representam, por exemplo, o usuário de um serviço.

São Paulo (Santo Amaro), local de um enorme fluxo de ônibus, tinha como previsão de retorno sobre o investimento um prazo de seis meses, mas as vendas propiciaram um retorno na metade do tempo previsto.

Uma simples visita ao site da empresa, no link "Lojas Gol", permite ver a quantidade de lojas abertas e perceber que foi uma ideia que deu muito certo.

Não há relatos disponíveis que garantam que alguma metodologia de Design de Serviços tenha sido utilizada, mas é possível identificar claramente que o cliente foi compreendido holisticamente (**observar**), que possivelmente foram pensadas, geradas e filtradas alternativas para atingir os objetivos propostos (**idealizar**) e, sem dúvida, a equipe foi treinada e o material explicativo foi elaborado, tornando o novo processo tangível (**implementar**). A prova física são as lojas.

Para auxiliar seus futuros projetos de Design de Serviços, nos próximos capítulos, o leitor encontrará o que se pode considerar como as melhores sugestões de como atender o cliente (pessoalmente, por telefone e virtualmente); além de diretrizes para lidar com pessoas com deficiência e para o desenvolvimento das equipes de atendimento e, talvez, um dos pontos mais cruciais, o gerenciamento de equipes de atendimento.

Resumo do Capítulo 2

Novos cenários
O Design de Serviços como ferramenta de projetos para operações de atendimento.
Entender holisticamente o cliente.
Idealizar – gerar alternativas.
Implementar soluções que atendam às necessidades dos clientes.
Velhos desafios
A competitividade pós-Revolução Industrial.
Entender o que é o Design e sua importância para a competitividade.
Compreender profundamente o cliente.

Check list – Avalie sua organização

O atendimento de sua organização é periodicamente repensado considerando a criatividade, a complexidade, o comprometimento e a capacidade de escolha, características do processo denominado Design?

Sua organização conhece os hábitos, desejos, relacionamentos e necessidades de seus clientes?

Pode-se considerar sua organização como inovadora?

A operação de serviços (atendimento) de sua organização foi projetada considerando conceitos de Design Thinking e/ou Design de Serviços?

CAPÍTULO 3

COMO GERENCIAR EQUIPES DE ATENDIMENTO

Formal ou informalmente, qualquer tipo de organização possui uma estrutura hierárquica, ou seja, a definição de quem é responsável por quem e quais as suas atribuições. Nas organizações mais formalizadas, pode-se encontrar uma estrutura bastante hierarquizada na qual, de cima para baixo, encontra-se um diretor (que por vezes é o proprietário), o gerente, o supervisor e o atendente, por exemplo; nas menos hierarquizadas, pode-se ter um diretor, um supervisor (ou não) e a equipe de atendimento.

Independentemente da nomenclatura, pode-se considerar que um supervisor pode ter a responsabilidade formal de gerenciar uma equipe, tudo depende da estrutura hierárquica da organização, mas o mais importante é que uma equipe deve sempre ter alguém a quem se reportar; alguém que a direcione.

Nesse sentido, deve-se salientar que gerenciar é função do gerente, ou da pessoa que possui a responsabilidade formal por alguém ou por uma equipe.

Equipes sem uma liderança formal tendem a resolver tudo por conta própria e a apresentar uma falta de uniformidade de processos e desempenhos.

Gerenciamento x Controle

Alguns profissionais acreditam gerenciar suas equipes, mas o que fazem, na verdade, é apenas algo como um controle. Antes de explicar a diferença, devo salientar que, se pelo menos há algum controle, melhor, pois, como já afirmado anteriormente, equipes sem comando algum tendem a apresentar problemas, que invariavelmente vão refletir negativamente na satisfação dos clientes.

Controlar significa medir, ou seja, considerando que uma equipe possua metas, a ação de controlar pressupõe o acompanhamento do processo, a coleta de resultados, a comparação do realizado com o projetado (metas) e a adoção de ações corretivas.

Tomemos, por exemplo, uma equipe de televendas na qual cada atendente tem que ligar para determinado número de contatos e realizar certa quantidade de vendas. Ao final do dia, ou semanalmente, o responsável pela equipe avalia o desempenho de cada pessoa. Podemos, a partir daí, desenhar alguns cenários:

- Pensando de forma otimista: o responsável dialoga com os atendentes que não alcançaram suas metas e propõe ações corretivas; já para com os atendentes exitosos, há o elogio;

- Pensando de forma negativa (ou realista, pois é o mais comum): o responsável "enquadra" os atendentes que não foram bem, cobrando por melhorias e ameaçando-os, caso nada mude.

Mesmo o cenário otimista não deixa de ser apenas controle, não é gerenciamento e, para explicá-lo, vou adotar o mesmo exemplo anterior do setor de televendas.

O gerenciamento começa na definição de metas. O gerente participa do processo e discute com seus superiores, a partir do conhecimento que tem do mercado e de sua equipe, se são alcançáveis (e desafiadoras) ou fora da realidade.

Considerando que as metas são adequadas, o gerente monitora o desempenho e, ao final, adota algumas ações:

- Os atendentes que tiveram bom desempenho são elogiados, recompensados e são convidados, por exemplo, a dividirem com os demais suas experiências positivas que acabaram gerando um bom resultado. Em paralelo, o gerente reavalia as metas para verificar a viabilidade de readequá-las, criando assim novos desafios.

- Os atendentes que tiveram desempenho insatisfatório são avaliados (levando-se em consideração que as metas eram adequadas). São mapeadas as suas dificuldades, e aqueles que precisam e demonstram merecer, são capacitados e lhes é dada uma nova oportunidade; já os que, por ventura, não se adequam a atividade ou não estão mais desempenhando bem o seu trabalho são remanejados ou mesmo demitidos.

Qualquer atendente pode ter metas (quantitativas), mesmo que não trabalhem na área de vendas. Pode-se considerar o número total (ou diário) de atendimentos, índice de satisfação (medido por meio de pesquisa), assiduidade, pontualidade, dentre outros. O importante é que as metas sejam relevantes para o bom desempenho do atendente.

Para que não fique nenhuma dúvida, controlar não é "pegar no pé", acompanhar cada movimento da equipe. Controlar é medir.

O gerenciamento pressupõe um constante monitoramento da equipe considerando aspectos quantitativos e qualitativos. O acompanhamento quantitativo é baseado em resultados tangíveis, ou seja, desempenho em relação a(s) meta(s) estipulada(s). Já o qualitativo demanda uma percepção em relação ao comportamento e à linguagem não verbal (aquilo que não é dito, mas demonstrado, percebido). O atendente pode apresentar um bom desempenho, mas estar desmotivado ou incomodado com algo. Nesse sentido, uma matriz de avaliação (figura 5) pode auxiliar a tomada de decisões.

Figura 5 – Matriz de avalição

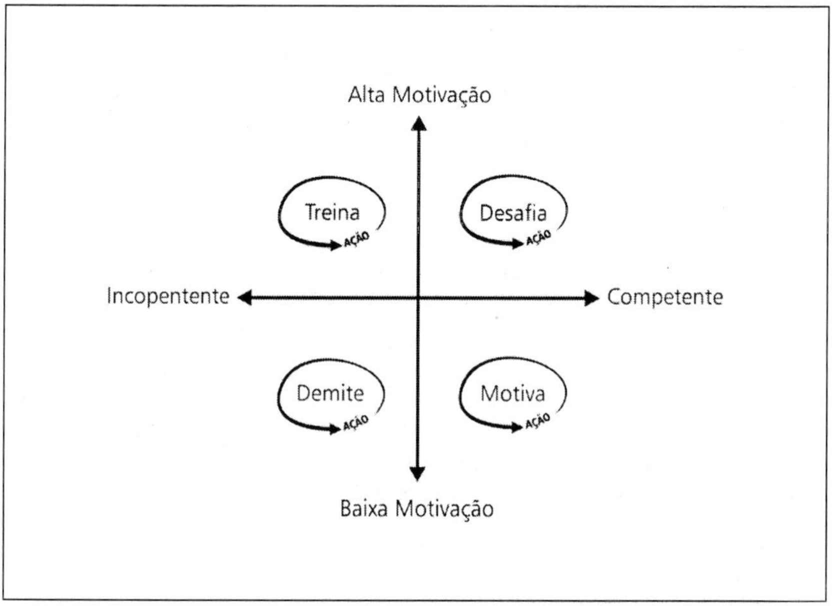

Fonte: elaborada pelo autor

Podemos considerar como **competente** aquele que reúne os conhecimentos, as habilidades e as atitudes necessários para o exercício da atividade (assunto que será abordado melhor no capítulo 8) e que normalmente apresenta o desempenho (atingimento de resultados) desejado. O **incompetente**, por sua vez, apresenta alguma deficiência (que resulta em um desempenho insatisfatório) quanto aos seus conhecimentos, suas habilidades e suas atitudes.

Quanto à motivação, o atendente **motivado** apresenta iniciativa, vontade e brilho no olhar; não espera ser mandado, pratica o autogerenciamento. Já o **desmotivado** demonstra não estar satisfeito, reclama de tudo e qualquer dificuldade parece uma barreira intransponível.

O atendente **incompetente** e **motivado** deve ser capacitado em suas fragilidades, pois vale a pena investir nele. Quanto ao **competente** e **motivado**, novos desafios são bem vindos, pois é uma forma de reconhecimento. Podem-se atribuir novas responsabilidades (uma coordenação de equipe, por exemplo) ou o trabalho em uma nova área, mais desafiadora.

Em relação ao **competente** e **desmotivado**, pode-se tentar motivá-lo e, nesse sentido, há controvérsias, pois alguns consideram que ninguém consegue motivar outra pessoa. Sendo assim, vamos considerar que o que podemos fazer é verificar o que está acontecendo e oferecer as ferramentas para que a pessoa sinta-se novamente motivada. Podemos ainda tentar eliminar as fontes de desmotivação, como condições inadequadas de trabalho, estilo da liderança do supervisor imediato, dentre outas possibilidades.

Já o **desmotivado** e **incompetente** não vale a pena perder tempo. Remaneje-o ou demita-o.

Devo salientar que todo esse processo somente apresenta a eficácia necessária se o gerente tem total domínio de sua função, conhecimento de seu negócio e avalia tanto quantitativamente quanto qualitativamente seus atendentes.

Grupos, times ou equipes?

Tenho me referido sempre a "equipes de atendimento", mas há uma diferença interessante entre uma equipe, um grupo e um time.

- Grupo – é uma reunião de pessoas que estão juntas por algo ou uma característica específica;

- Equipe – são pessoas que juntas, interagindo, ajudando-se mutuamente e respeitando diferenças, buscam um resultado;

- Time – pessoas de equipes diferentes (ou grupos) que se reúnem para um determinado projeto, durante a sua realização.

Os atendentes do setor de reclamações podem ser reconhecidos tão somente como um grupo, pelo fato de trabalharem no mesmo setor, desempenhando a mesma atividade. Todavia somente serão considerados como uma equipe na medida em que houver sinergia, somatória de esforços, apoio mútuo, cumplicidade, afinidade, profissionalismo, aspectos que favoreçam o alcance de um objetivo comum.

Em outra situação, consideremos que a empresa vai selecionar um novo software para a área de atendimento. Durante a execução desse projeto, pode-se criar um time, com representantes das diversas equipes de atendimento, para discutir o projeto.

O gerente deve ser um obstinado quanto a transformar grupos em equipes.

O processo de gerenciamento

O trabalho do gerente é mais estratégico e menos operacional, ou seja, pensando em atendimento, cabe ao gerente monitorar, acompanhar e auxiliar, envolvendo-se o menos possível no atendimento propriamente dito. Na medida em que executa o atendimento, sobra menos tempo para gerenciar, ou seja, atender é papel do atendente, gerenciar, do gerente.

Nesse ponto, vale uma ressalva muito importante. Se a função do atendente é atender, isso significa que, independentemente das muitas outras atividades que, por ventura, tenha que realizar, sua prioridade deve ser sempre o atendimento e o cliente. Por vezes, percebe-se, em algumas organizações, o atendente preocupado em "livrar-se" do cliente, o mais rápido possível, para poder dar conta de outras atividades; vive-se, uma inversão de prioridades e, normalmente, os gestores são os grandes responsáveis, com cobranças indevidas e excesso de pressão naquilo que se pode considerar, desvio de função.

Voltando ao gerenciamento. É comum constatar que gerentes não conseguem realizar bem o seu trabalho por ocuparem grande parte de seu tempo resolvendo problemas operacionais ou até mesmo executando o atendimento. De qualquer forma, devem-se levar em consideração os recursos e a estrutura com os quais o gerente pode contar. Certamente, em organizações de pequeno porte, faz-se necessária a intervenção operacional do gerente, mas o alerta é principalmente para os gerentes de organizações bem estruturadas e com recursos suficientes. Em muitos casos, como o gerente vem da área operacional, apesar da nova atribuição, não consegue deixar de "executar", esquecendo (ou até desconhecendo) o "gerenciar".

Nem sempre um excelente atendente será um bom gerente. É preciso identificar se o perfil gerencial faz-se presente e se não há falta de preparo para esse novo desafio.

Nesse sentido, é necessário clarificar quais são as principais atividades gerenciais: **planejamento, administração e desenvolvimento da equipe**, os quais podem ser mais bem observados na figura 6.

Figura 6 – O processo de gerenciamento

O PROCESSO DE GERENCIAMENTO

PLANEJAR

- Definir métricas
- Dimensionar a equipe
- Determinar a remuneração
- Recrutar e selecionar a equipe
- Providenciar boas condições de trabalho

ADMINISTRAR

- Avaliar constantemente o desempenho da equipe
- Fazer-se presente junto à equipe

DESENVOLVER

- Treinar e capacitar a equipe
- Estimular o surgimento de novas lideranças

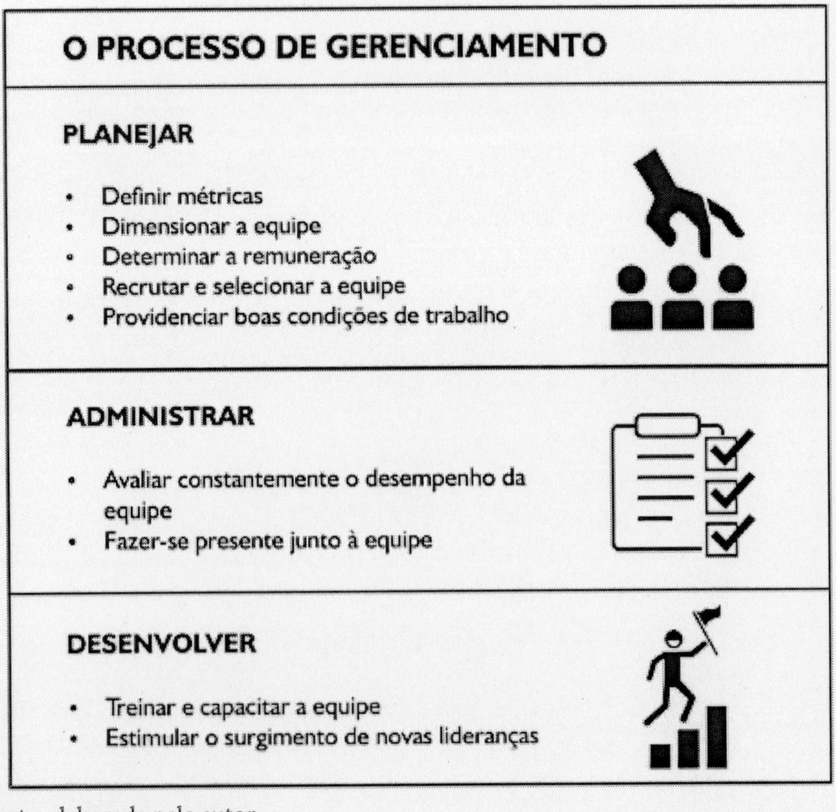

Fonte: elaborada pelo autor

Na atividade de **planejamento** cabe ao gerente pensar nas métricas, ou seja, nas metas de sua equipe e no processo de acompanhamento. Além disso, deve pensar no dimensionamento, ou seja, se a quantidade de atendentes está adequada à demanda por atendimento.

Para o dimensionamento devem-se utilizar critérios quantitativos e qualitativos. Na análise quantitativa, o gerente pode utilizar-se de um cálculo matemático para determinar a quantidade ideal de atendentes. Consideremos o seguinte cenário: a organização atende em média 80 clientes por dia, cada atendimento dura 10 minutos, e um atendente trabalha 8 horas/dia (480 minutos), ou seja, são necessários 800 minutos/dia para dar conta dos clientes (80 clientes multiplicados por 10 minutos/cada atendimento). 800 minutos divididos por 480 minutos (tempo disponível do atendente) resulta em 1,66 atendentes, ou seja, dois atendentes, possivelmente, dariam conta desse número de clientes.

Mas o cálculo, isoladamente não é suficiente, pois se deve avaliar o tipo de atendimento a ser prestado (pessoal, telefônico ou virtual), o conteúdo das informações (complexidade, necessidade de explicações etc.), o perfil do cliente (idade, gênero, classe social, nível de instrução, tipo de problema a ser resolvido, temperamento etc.), dentre tantos outros aspectos, que, qualitativamente, ajudam a pensar na "qualidade do serviço a ser entregue".

A análise quantitativa, aliada à qualitativa, permite o melhor dimensionamento, pois devem ser consideradas ainda questões como: sazonalidades e picos de atendimento (horários mais concorridos), necessitando, nesse caso, de cálculos para cada período ou situação; exemplificando: talvez para o período da manhã o seu cálculo aponte quatro atendentes e, para o período da tarde, pelo menos seis.

Vale sempre a pena consultar os dados do histórico de atendimento para verificar o tempo médio gasto no processo e, caso não tenha esse histórico (ou mesmo tendo), considerar a análise qualitativa, para estimar a demanda e o tempo de cada atendimento.

Ainda na atividade de **planejamento**, o gerente deve envolver-se na questão da remuneração e nas condições de trabalho da equipe. Esses dois fatores em conjunto determinam uma maior ou menor rotatividade de pessoas. Uma equipe que desfruta de boas condições de trabalho e de uma remuneração atrativa e estimulante tende a ter menores taxas de *turnover*, o que facilita a gestão.

Na etapa do **planejamento**, o recrutamento e a seleção são atividades fundamentais para iniciar corretamente uma equipe. Para realizar um bom processo, é fundamental que a organização tenha uma boa descrição de cargo, com as competências necessárias ao atendente (conhecimentos, habilidade e atitudes). Norteando-se pela descrição de cargo, o gerente deve realizar um processo de recrutamento (interno e/ou externo) e selecionar (por meio de testes e entrevistas) os melhores candidatos. A falta de uma descrição de cargo aumenta a subjetividade do processo de recrutamento e seleção, pois não há um bom parâmetro para nortear o processo.

Quanto a **administrar** a equipe, cabe ao gerente avaliar desempenhos (quanti e qualitativamente), monitorar o processo de atendimento, verificando constantemente se tudo acontece conforme o previsto.

Na atividade de **administrar**, o exercício da liderança é fundamental, ou seja, o gerente deve fazer-se sempre presente, "mesmo que não o faça fisicamente"; explico: a equipe precisa sentir-se sempre respaldada, apoiada, ou seja, mesmo que um membro da equipe olhe para o lado e não veja o gerente, não se sentirá avulso ou abandonado caso perceba que, se precisar, sempre "poderá contar com o gerente". Pode parecer contraditório, mas a presença física não garante necessariamente a sensação de apoio e respaldo.

Devo ressaltar que quanto melhor for o **planejamento**, tanto mais simples será **administrar** a equipe.

Por fim, **desenvolver** a equipe, outra atividade gerencial, é uma atividade que começa na etapa do **planejamento** e é exercida em paralelo com a atividade de **administrar**.

Desenvolver a equipe significa treiná-la e capacitá-la, além de estimular o autogerenciamento e o surgimento de novas lideranças.

O capítulo 9 abordará com mais detalhes a questão do desenvolvimento dos profissionais, mas é na seleção dos atendentes (etapa de **planejamento**) que o gerente poderá perceber as necessidades de formação de sua equipe e organizar ações para supri-las. Posteriormente, no dia a dia (**administração**), novas demandas poderão surgir, assim como, o gerente poderá perceber a necessidade de enfatizar novamente alguns aspectos. Nessa linha, é interessante comentar uma ação empreendida por uma empresa que conheço. Todos os funcionários passam pelo tradicional processo de "integração" ao começarem na empresa e, todo ano, passam pela "reintegração", ou seja, um processo de resgate de todos os aspectos importantes que foram transmitidos inicialmente.

O que é necessário para um bom gerenciamento

Se uma equipe necessita de boas condições de trabalho para bem atender os clientes, tal condição também é importante para um bom gerenciamento.

O trabalho gerencial fica facilitado quando:

- Os processos (rotinas) de atendimento estão bem definidos e documentados;
- Há uma estrutura hierárquica (implementada);
- Todos os recursos humanos e materiais estão disponíveis e são, no mínimo, adequadas.

Por se tratar de um serviço, o atendimento ao cliente lida com a imprevisibilidade (dentre outras características, conforme já discutido no capítulo 1), mas o mínimo de processos definidos deve existir. Não se pode aceitar a justificativa da imprevisibilidade para a falta de organização e planejamento. Na área de atendimento, o uso de "manuais" (impressos ou virtuais) é fundamental.

Podemos considerar que um manual é um conjunto de normas e procedimentos, sendo que normas determinam o que pode ou não ser feito enquanto os procedimentos dizem como fazer. Além de manuais, os formulários (ou telas, quando informatizados) são importantes para a padronização, pois a principal utilidade de um formulário é a coleta e o transporte de dados.

Considerando que os atendentes foram capacitados ou treinados nas rotinas de atendimento e, na dúvida, têm os manuais para consultar, pode-se compreender o quão facilitado é o gerenciamento, assim como o processo de desenvolvimento de novos atendentes.

Em complemento, uma estrutura hierárquica (implementada) também é fundamental. Os atendentes precisam saber a quem recorrer quando necessário; quem é o responsável e pelo que é responsável.

Devo enfatizar que a estrutura hierárquica precisa realmente estar implementada, pois, por vezes, encontramos gerentes de "título" (direito), mas não de "fato", ou por não terem a autonomia necessária, ou por não exercerem realmente a liderança que a função determina.

Por fim, sem recursos humanos e materiais na quantidade e qualidade necessários, o atendimento fica comprometido, e não só a gerência, mas toda a equipe fica sobrecarregada, por ter que lidar com situações que poderiam ser evitadas, caso os recursos fossem adequados.

Enfim, uma equipe que conhece o que deve fazer, na dúvida, sabe onde pesquisar (manuais) e a quem recorrer se necessário (estrutura hierárquica) e conta com todos os recursos, tem tudo para realizar um bom trabalho, além de facilitar o gerenciamento.

Para facilitar a gestão, o Design de Serviços é um forte aliado das organizações e gestores que já perceberam a necessidade de remodelar seus processos internos, à luz das expectativas de clientes, equipes e demais *stakeholders*.

Resumo do Capítulo 3

Novos cenários
Não se deve apenas controlar, deve-se gerenciar a equipe de atendimento.
Treinar, desafiar e motivar o atendente. Se necessário, demiti-lo.
Nem sempre um excelente atendente será um bom gerente de atendimento.
Planejar, administrar e desenvolver a equipe. Essas são as atividades gerenciais.
Independentemente das muitas atribuições que o atendente tenha, sua prioridade é o atendimento ao cliente. O restante pode esperar e, cabe ao gestor compreender e colaborar.

Velhos desafios
O gerente envolver-se no operacional, o que não é recomendado.
Transformar um grupo em uma equipe.
Ter rotinas de atendimento definidas e documentadas.
Contar com uma estrutura hierárquica efetivamente implantada.
Dispor dos recursos humanos e materiais necessários, para um bom serviço ao cliente.

Check list – Avalie sua organização

As pessoas que trabalham no atendimento ao cliente são um grupo ou uma equipe?

Há o efetivo gerenciamento da equipe de atendimento?

A equipe de atendimento possui algum tipo de meta?

A equipe é avaliada quanto a motivação e competência?

A equipe está corretamente dimensionada?

As pessoas são recrutadas e selecionadas de acordo com a descrição de cargo? Esse processo ocorre de forma profissional?

A equipe é bem administrada?

Há uma real preocupação em desenvolver a equipe?

As condições necessárias para um bom gerenciamento estão presentes?

A equipe conhece o que deve fazer? Na dúvida, sabe onde pesquisar e a quem recorrer?

CAPÍTULO 4

ATENDIMENTO VIRTUAL – NOVAS TECNOLOGIAS A SERVIÇO DO CLIENTE

(com a colaboração de Ricardo Dalbosco[19])

Nos últimos tempos, novas maneiras de atendimento ao cliente foram disponibilizadas, como por exemplo:

Atendimento via e-mail;

Atendimento via site (link fale conosco);

Atendimento via chat;

Atendimento via redes sociais.

Novas tecnologias sempre surgirão possibilitando a inovação, mas em se tratando de atendimento ao cliente, independente da forma como se faz, o importante é lembrar-se sempre de que, metaforicamente falando, as pessoas gostam de ser bem recebidas (física e emocionalmente). E, mesmo tratando-se de meio digital, ainda assim se lida com pessoas e seus sentimentos.

O Atendimento virtual pode ser então de dois modos:

- Ao vivo

- Programado (*bots* – abreviatura de *robot*).

Esse último é um modo que não era possível no passado. Portanto, muitas empresas não sabem como tratar, outras acreditam que sabem. Entretanto, seja qual for o modo de atendimento, metas estabelecidas em função do contato com o cliente precisam fazer parte da estratégia e do

---

[19] Gestor de marcas pessoais e empresariais, com experiência de trabalhos em quatro continentes, incluindo três anos em África no período pós-Guerra Civil em Angola. MBA em Gestão de Empresas pela FGV e mestre em Design pela Univille, é vencedor de dois Prêmios de Mérito Estudantil, além de possuir nível master em Programação Neurolinguística. Linkedin: https://www.linkedin.com/in/ricardodalbosco/

monitoramento constante, programado e próximo à gestão geral, nutrindo as tomadas de decisão.

Num mundo digital, daqui a um minuto, o internauta estará fazendo outra coisa, portanto, tanto ter uma meta para atendê-lo, como saber em quanto tempo médio seu cliente sai do site para fazer outra coisa, podem ajudar nessa definição, aumentando suas chances de conversão de *leads*.

Diferentes ferramentas podem gerar informações variadas que muitas vezes necessitam de metas distintas. O tempo médio de atendimento digital para quem deixa o contato no seu site por meio de um formulário de captura numa *landing page* pode ser diferente do tempo de atendimento comercial no chat do site.

E por quê? Pois, no chat, geralmente, o internauta já viu seu site e está quase de saída, então, usa o chat para tirar as dúvidas não sanadas ainda. Isso significa que, se não for prontamente atendido, logo ele vai embora e, muitas vezes, sem deixar o contato e insatisfeito com a falta de atendimento. Isso acontece, pois, dependendo da ferramenta de contato que o potencial cliente utiliza, sua expectativa muda. Por exemplo:

> **Telefone**: se alguém liga à sua empresa, o mínimo que ele espera é que seja atendido prontamente; há inúmeras pesquisas que comprovam isso.
>
> **E-mail**: ao enviar uma mensagem por meio de um correio eletrônico, o potencial cliente ou cliente já pressupõe que demorará mais tempo para receber um retorno da empresa. Aqui, você precisa identificar com seus clientes o que seria o adequado com relação a tempo de atendimento.
>
> **Chat:** expectativa de ser atendido prontamente, pois, geralmente, o internauta recorre ao chat da empresa quando visualizou todo o website, não encontrou alguma resposta e, então, procura falar com o atendente via chat, seja ele humano ou um *bot*. Esse atendimento precisa ser rápido, pois o internauta já está de saída do website. Para evitar isso, há duas táticas que foram criadas para garantir que o contato não se perca:
>
> - Preenchimento de formulário: antes de começar a falar com o operador no chat, o internauta precisa deixar o contato num Formulário de Captura que cairá num CRM (*Customer Relationship Management*, que em português traduz-se para "Gestão do relacionamento com o Cliente"); e, mesmo se não houver operador ao vivo para atendê-lo (o que não é o ideal), poderá receber um contato posterior pelo fato dos dados terem sido armazenados; ou

- Bot: quando o internauta, após fazer a primeira interação com o chat, é prontamente atendido por um "bot". Apesar de parecer fácil e já com inúmeras ferramentas no mercado, a realidade é que ainda há muita falha nisto, seja em ferramentas, seja na dificuldade de configuração de cenários por parte das empresas. Entretanto é tendência e recomendo você ficar muito atento.

O que já se observa quanto a essa última tática são algumas empresas interagindo, inicialmente, com internautas via *chatbot* e há a opção de ele "ejetar" essa conversa feita com um robô, passando, então, para um humano atendê-lo. Nesse caso, além da disponibilidade do recurso humano e maior exigência de controle de métricas da função por parte da gestão, acabam por aumentar o custo operacional.

Como atendimento comercial é uma prestação de serviço, processos são fundamentais para se ter um controle mínimo para a operação. Quando dependente do fator humano, a repetição pode levar à excelência, mas desde que haja foco na melhora. Se apenas a repetição fizesse campeões, qualquer gari viraria velocista. Apesar de ele correr diariamente, isso não garante que ele seja um campeão em corrida. Ele geralmente age no automatismo do seu trabalho, correndo, mas não com foco em ser campeão de uma maratona. No atendimento comercial é da mesma forma. Não é apenas a repetição que leva à conquista, mas sim a busca constante pela melhora operacional.

Esse caminho das pedras envolve, inclusive, dificuldades de fatores humanos; em atendimento comercial, nem sempre o atendente estará motivado quando há muitas variáveis incontroláveis aos gestores e líderes de equipe. Portanto, a disciplina tem que ser a linha mestra nesses dias de desmotivação. Ou seja, são os processos que devem reger para garantir a entrega ao potencial cliente. Agora, se o atendimento digital da sua empresa for apenas mecanizado e sem diferencial, seu negócio poderá ser substituído por um robô. Se for para ter interação humana entre as partes, então, que seja excepcional.

O momento de interação com o cliente, seja presencial ou não, pode ser denominado também de "palco". E é no palco que se dá espetáculo, promove-se o "show", é onde se deve agir com excelência. Problemas resolvem-se nos bastidores, não no palco. Gestores precisam perceber-se disso e treinar suas equipes para que haja essa postura e atitude quando estiverem no campo de batalha. Veja como seus concorrentes atuais (não os odeie, pois isso afetará o seu julgamento no momento da comparação) ou empresas referência no mercado estão agindo e tenha um ponto de partida em busca de diferenciais competitivos claros baseados no relacionamento e na superação de expectativas.

Alguns aspectos são mais genéricos e aplicam-se em todo o tipo de atendimento virtual.

I. Cuidados especiais com o atendimento virtual:

b. Agilidade: não demore a responder. O cliente que faz uso das ferramentas digitais tem a mesma pressa que os clientes que utilizam outras formas de atendimento, mas o fato de não estar fisicamente na frente do atendente pode diminuir a pressão, modificando a prioridade de resposta por parte do atendente, o que não é correto;

c. Comodidade: procure atender o cliente e resolver todas as suas dúvidas e necessidades, por meio da ferramenta digital. Não frustre a expectativa do cliente que optou pela comodidade de utilizar o computador, oferecendo um atendimento parcial e que demande um posterior contato pessoal ou por telefone;

d. Linguagem: não são apenas os jovens internautas que utilizam o atendimento virtual. Pode-se imaginar que, predominantemente, a pessoa que está do outro lado do computador é jovem. Esse pressuposto pode estar completamente errado e, por isso, uma linguagem formal, sem expressões típicas das redes, é o mais adequado; ao tratar com pessoas mais velhas, ou mesmo idosos, explicações complementares serão importantes, pois os jovens são considerados "nativos digitais", enquanto os mais velhos, "imigrantes digitais";

e. Conteúdo da mensagem: escreveu, apertou o *enter*, está registrado. Assim como ocorre no atendimento telefônico, não se vê com quem se está falando, assim como suas reações, ou seja, deve-se pensar bem no que vai escrever. Escreveu algo inapropriado, agressivo ou errado está salvo e pode ser impresso a qualquer tempo, pelo cliente. Releia o texto que você digitou antes de enviar para o cliente;

f. Etiqueta virtual: profissionais da área de atendimento, que utilizam regularmente o meio virtual, consideram que escrever em letras maiúsculas, grifadas ou em vermelho, seria o mesmo que falar gritando. Utilize o sublinhado ou itálico para destacar o texto (apenas uma ou poucas palavras), quando necessário.

Cada ferramenta tem também as suas especificidades e, por esse motivo, cuidados específicos.

II. Cuidados especiais com o atendimento via e-mail:

a. Responda a todo e-mail imediatamente: a expectativa é por agilidade, ou seja, caso não tenha como responder ao cliente, adote um sistema de resposta automática para que, pelo menos, o cliente saiba que seu e-mail foi recebido. Quando o cliente não obtém resposta, a ansiedade pode levá-lo a retransmitir o e-mail, ou telefonar reclamando, ou até mudar de fornecedor;

b. Começo, meio e fim: todo e-mail deve começar com uma saudação adequada (mais formal: prezado – mais informal: olá), tratar do assunto foco e ser finalizado com uma expressão de fechamento (agradecimento, cobrança por ação, entre outros) e uma assinatura digital;

c. Seja claro e vá direto "ao ponto": ao tratar do assunto foco, evite parágrafos longos, mas cuidado com a brevidade para que você se faça entender e não faltem informações essenciais. Escreva sem abreviações ou linguagem inadequada (como por exemplo, expressões usadas em bate-papos virtuais);

d. Use modelos: para as respostas frequentes ou assuntos recorrentes, tenha modelos pré-formatados (*templates*), mas cuidado para personalizá-los e adaptá-los quando necessário. Lembre-se: seu e-mail profissional não deve conter cores ou desenhos incompatíveis com sua atividade;

e. Adote sempre a revisão ortográfica: antes de enviar releia seu e-mail, confira a escrita e reflita, pois, ao enviá-lo, o que está escrito estará registrado "para sempre";

f. Reencaminhe adequadamente suas mensagens – responda no próprio e-mail recebido para que o histórico fique anexo, mas não abuse da opção "Responder a todos", pois mensagens com muitos destinatários podem não ser entregues por serem consideradas como *spams*. Coloque sempre uma introdução como "para conhecimento", "para providências" e, nesse caso, defina quem será o responsável;

g. Certifique-se que os destinatários estão corretos: por falta de atenção, o atendente pode "copiar" o cliente em uma mensagem interna, o que pode, por vezes, ser extremamente complicado.

III. Cuidados especiais com o atendimento via *site* (*link* fale conosco):

a. Crie um pequeno cadastro no link: é adequado que ao selecionar o link "fale conosco", o cliente preencha um pequeno cadastro com seu e-mail, telefone de contato e nome, pois dependendo do teor da mensagem, um contato telefônico pode ser adequado para mais informações, e esses dados fornecem uma melhor identificação para elaboração da resposta;

b. Tenha certeza de que o link funciona: periodicamente teste o sistema para certificar-se que o correto encaminhamento de mensagens está funcionando. Não adianta ter o *link* se este não funciona;

c. Invista em Design: uma boa comunicação visual e uma navegação agradável e fácil criam um ambiente favorável a um bom atendimento;

d. Responda às mensagens imediatamente e atenção ao conteúdo: aqui valem os mesmos cuidados para com o atendimento via e-mail.

IV. Cuidados especiais com o atendimento via chat ou redes sociais:

a. Apresente no chat o seu horário de funcionamento: o cliente que utiliza esse atendimento prima pela agilidade e comodidade e, na falta de informação, não compreenderá por qual motivo o *chat* existe e não está funcionando;

b. Responda aos questionamentos, mas não seja apenas passivo: seja ágil em responder, tirar dúvidas, mas não fique apenas na defensiva. Dialogue com o cliente, faça perguntas, principalmente para se certificar de que o atendimento realizado atendeu às expectativas do cliente;

c. Procure realizar todo o atendimento no chat: se o cliente optou por esse meio de contato, certamente, prefere isso e se sentiria insatisfeito em não ter todo o atendimento realizado nesse canal. Certamente, não desejaria ter que se dirigir à empresa ou mesmo telefonar;

d. Seja mais informal: o chat permite uma abordagem mais direta e próxima, como por exemplo, utilizar-se do "você" como pronome de tratamento, mas excesso de informalidade ou intimidade, gírias e abreviaturas usadas em conversas pessoais em redes sociais não são adequados;

e. Crie um registro do atendimento para possibilitar um posterior acompanhamento;

f. Ao utilizar as redes sociais, saiba que sua conversa com o cliente poderá ser visualizada por muitos, ou seja, cuidados extras devem ser considerados;

g. Mesmo nas redes sociais, a formalidade deve ser considerada, demonstrando profissionalismo e respeito ao cliente.

Antes de tudo, deve-se ter a estrutura adequada para prestar um bom atendimento virtual, ou seja, se necessário, deve-se ter uma equipe dedicada somente a isso, pois, dependendo da demanda, a equipe que atende pessoalmente ou por telefone pode não ter a preparação necessária, o tempo disponível, ou mesmo o perfil adequado.

O cliente que se utiliza de meios virtuais talvez o faça por preferir um contato mais impessoal, mas, mesmo assim, pode ser interessante começar o atendimento por meio virtual e oferecer o contato telefônico como uma segunda opção, pois, dessa forma, podemos criar um vínculo maior com o cliente.

Análise de dados de atendimento

Se você avalia seu atendimento a potenciais clientes apenas pela chegada de reclamações, você precisa ler este capítulo, pois pode estar deixando muito dinheiro em cima da mesa. Uma parte significativa de pessoas envolvidas nos negócios preocupa-se ao extremo com o produto ou o serviço principal e esquecem-se da linha de frente, que é o atendimento, a porta de entrada.

A realidade mostra-nos que muitas pessoas, ditas "profissionais", não tratam o atendimento como um serviço, falhando constantemente em suprir as necessidades dos clientes com clareza, objetividade e eficácia. Portanto, mapear as experiências dos clientes é fundamental, assim como analisar cada ponto de contato e entender como exceder as expectativas. Para essa etapa inicial, você não precisa de tecnologia:

1. Pergunte a uma amostra variada de clientes atuais;

2. Questione alguns usuários atuais;

3. Interrogue os seus colaboradores de diferentes áreas que possuem contato com o cliente;

4. Analise dados dos clientes atuais e veja se você encontra similaridades.

Você irá perceber que, geralmente, há mais de um tipo de persona em sua base de clientes, sendo que os canais de atendimento podem (eu não disse "devem") ser diferenciados, assim como as metas. O que vejo em grande parte das empresas são tratamentos similares às diferentes personas no atendimento e na análise dos dados, apesar de que as expectativas delas em relação ao atendimento pré e pós-venda, muitas vezes, serem diferentes. Isso acaba por mascarar diversas informações ricas e, o pior, na maior parte das vezes, o gestor não faz isso por mal, mas por falta de conhecimento.

Este capítulo dá-lhe, portanto, a possibilidade de iniciar mudanças. Mas isso dói, e dói, pois, necessita, geralmente, de uma metodologia, e isso tira pessoas de sua zona de conforto exigindo maior flexibilidade de horários, gestão mais próxima das pessoas, das ferramentas de informação e das fontes dos dados, gerando assim maior sensação de incompetência no início, mas há um caminho de aprendizado aplicável a qualquer negócio: a ciência da análise de dados por trás do fator humano no atendimento auxiliando assim na tomada de decisão.

Costumo dizer que, hoje em dia, até a cafeteria da esquina é sua concorrente, pois, se a pessoa for atendida de forma excelente lá e, depois, de modo indiferente pela sua equipe, seja digitalmente ou fisicamente, a pessoa acaba por comparar ambos os atendimentos, apesar de mercados distintos. Atender bem e de maneira profissional pode levar você a:

- Aumentar o número de *leads*;

- Gerar maior conversão em vendas;

- Aumentar a satisfação de clientes podendo gerar *cross-selling* (venda de um produto ou serviço adicional dentro da sua carteira atual de clientes);

- Estimular um potencial programa de indicação de clientes (*Referral Marketing*);

- Ser mais competitivo;

- Ter clientes mais dispostos a pagar mais caro, caso seja bem atendidos.

Então, não há motivos para você não realizar um atendimento de excelência. Atendimento de excelência é consequência de quem você é.

Para isso, você precisa não só dominar o fator do relacionamento humano, mas também basear suas decisões de forma mais analítica, dando base às suas decisões. Antes de comprar sua solução, o consumidor "comprou" o vendedor, mas este precisa entender, mediante a gestão direta, a razão do atendimento, e o porquê da decisão de alguns processos no atendimento. Baseado em dados, fica mais convincente. A não ser que você que está lendo esta obra agora seja uma Apple, em que, independentemente do atendimento comercial, as pessoas buscarão o seu produto, então, isso é válido e aplicável seja qual for o seguimento.

Independentemente de o atendimento ser digital ou não, o vendedor conquista o cliente se agregar valor a ele. Por não perceber isso, muitos gestores e equipes comerciais acabam por promover preço ao invés de valor, o que, geralmente, acaba num processo destrutivo de preço ou de relação, reduzindo o ticket médio do produto ou serviço do seu negócio ou mesmo gerando encerramento contratual. Levar valor ao cliente essencialmente possui uma base inicial em levar segurança à outra parte, e demonstrar que essa segurança começa pela escolha da sua solução, da sua empresa, é algo primordial no atendimento.

Avaliação comercial no Atendimento Virtual

Para avaliar o atendimento comercial entre um colaborador e um cliente, pode-se aplicar uma técnica da Programação Neurolinguística (PNL[20]): considere estando três pessoas no ambiente, duas reais e uma fictícia. Não acredito em abordagens comerciais que não conseguem considerar isso. Nessa técnica, você desacopla uma pessoa da negociação e analisa de fora a tratativa comercial entre as outras duas. Conseguirá, assim, entender de forma menos emocional a intenção de cada parte, assim como as fragilidades e zonas de conforto para buscar um fechamento com sucesso na transação comercial.

Procure erros no cliente ou o ajude a encontrar onde estão. Se ele por si só não encontrar, está claro que precisa de um profissional para ajudá-lo, e você precisa ser essa solução. Você precisa estar em primeiro lugar na mente do seu consumidor quando ele tiver um problema no seu segmento que não consegue resolver.

Contudo dar pronta resposta aos clientes torna-se fácil num livro, e difícil na vida real. Para que isso ocorra, são fundamentais seis atitudes básicas a qualquer líder que almeja criar capacidade rápida de resposta:

---

[20] Metodologia desenvolvida por Bandler e Grinder no início dos anos 70 que se apoia na linguagem para reprogramação da mente.

a. Relacione as FAQ: junto à sua equipe, elabore a lista das perguntas mais frequentes, também conhecida como FAQ, acrônimo da expressão *"Frequently Asked Questions"*. Isso dará conhecimento às perguntas frequentes aos diversos colaboradores das mais variadas áreas que possuem contato virtual ou pessoal com clientes. Estabeleça, então, a resposta padrão que deverá haver para cada tipo de pergunta, diminuindo assim os riscos dentro da empresa e padronizando a informação.

b. Treine: treinamento constante aos colaboradores é fundamental para que atinjam um maior nível de maturidade na capacidade de resposta, influenciando diretamente na segurança ao responder algum cliente e também no tempo de resposta por estarem semiautomatizados.

c. Estabeleça a métrica KPIs: os Indicadores-Chave de Desempenho, também conhecidos como KPIs (*Key Performance Indicators*), são fundamentais tanto para sua gestão. Dê também conhecimento deles à sua equipe, mostrando a ela a importância de cada indicador e de que forma isso poderá converter em melhores resultados.

d. Empodere: após o seu time estar bem treinado e saber as formas de controle, empodere-o para que possa decidir com certa autonomia na linha de frente, no campo de batalha. O colaborador, assim, saberá os limites até onde pode ir sozinho e poupará seu líder com relação a desgastes operacionais frequentes, sobrando mais tempo para o gestor dedicar-se a questões estratégicas do negócio as quais terão impacto direto no crescimento.

e. Controle: crie formas de controlar e gerir de modo constante as ações anteriores, repetindo constantemente e desafiando a equipe para colaborarem de modo construtivo em abordagens que possam ser mais convincentes às indagações e aos receios de potenciais clientes.

f. Defina SLAs: deixe claro com seu cliente e com a equipe interna o Acordo de Nível de Serviço (ANS), também conhecido por SLA (*Service Level Agreement*). Nada mais é do que o acordo entre as partes com relação ao nível de serviço firmado entre elas. Dado conhecimento entre os interlocutores, acaba por reduzir a pressão nas partes e a ansiedade, o que pode desgastar uma relação, assim como provocar respostas comerciais não adequadas.

O maior ativo das pessoas é o tempo! Então, estabeleça padrões de resposta possíveis e confiáveis à sua equipe... **e atenda rápido**.

O grande erro no atendimento

Apesar da intenção do pronto-atendimento por meio das novas mídias virtuais, há um grande erro que muitas empresas vêm cometendo no atendimento: equipes estão a realizar dois atendimentos comerciais "ao vivo", ou seja, ao mesmo tempo. Se você coloca um comercial para atender chamadas telefônicas e, ao mesmo tempo, realizar respostas via chat, os quais são duas ações em tempo real, alguma certamente ficará prejudicada. Isso também acontece para atendimentos comerciais em que o atendente telefônico é o mesmo que recebe clientes em loja. Isso acaba por gerar falta de dedicação integral do atendente comercial a algum dos clientes citados, aumentando as chances de insatisfação pelo consumidor.

Apesar de o atendimento virtual já estar bem mais ambientado para o atendimento digital (via robô), é você (humano) o responsável por repensar a forma de liderar a busca pela excelência no atendimento na prestação do serviço. Só tem como saber lutar se você entrar no ringue e, por mais que haja variações de tecnologias e mercados, os pilares de qualquer atendimento comercial serão pessoas, processos e sistemas de atendimento.

Sintonia entre geração de *leads* e atendimento

Outro erro frequente é a falta de equilíbrio entre a geração de *leads* e a capacidade de atendimento. Se o número de *leads* for superior à sua capacidade de tratá-los em pronta-resposta, você está jogando dinheiro no lixo, pois está colocando mais dinheiro em campanhas do que realmente consegue atendê-las. Já numa segunda situação, se você tem grande capacidade de atendimento, mas não está gerando *leads* o suficiente, pode estar contratando colaboradores em quantia desnecessária e usando ferramentas mais complexas e custosas que, num caso desses, talvez não fosse preciso.

Portanto, diante desses dois cenários, é fundamental que você crie não apenas um planejamento de crescimento de *leads* e capacidade de atendimento comercial, mas também um monitoramento constante para gestão de custos entre expectativa x realidade.

Novos cargos em função do atendimento virtual

A partir do momento que empresas partiram para campanhas digitais, o uso de ferramentas, investimentos e oportunidades de geração de novos *leads transfronteiriços* estabeleceu um novo cenário. Isso favoreceu a abrangência de marcas a territórios e pessoas que antes dificilmente seriam impactados por campanhas físicas no terreno, devido ao custo de infraestrutura e das mídias convencionais (TV, rádio, outdoors...).

Com esse *boom* digital, e estando boa parte da população brasileira já com recursos acessíveis, não só de internet, mas de redes sociais, possibilitou-se gerar um maior número de *leads* comparado aos que as empresas estavam acostumadas a suportar. Com isso, mediante o ambiente virtual, além de *leads* bons, começaram a vir contatos de pessoas que não são o perfil exato do produto ou serviço que se está oferecendo e, por vezes, até procurando outra solução completamente diferente da ofertada. Isso ocorre, pois, com o advento da tecnologia ainda recente para muitas pessoas, estas ainda possuem dificuldades no manuseio de algumas redes sociais ou na própria navegação na internet que, também em função da pressa na leitura digital, acabam cadastrando-se e pedindo orçamentos em negócios que não possuem nenhuma relação à sua campanha de marketing.

Em virtude desse tipo de situação comum, e por receberem muitos *leads* "lixo" via ambiente virtual, o atendimento comercial recente precisou adaptar-se e criar uma nova função: o SDR (*Sales Development Representative*), ou o responsável pela qualificação de *leads* é o responsável pela filtragem e primeiro contato com o *lead*. É uma função na qual o colaborador não precisa ter dominância do produto como o comercial que fará a venda, nem mesmo possui a função de transmitir preço. Em resumo, é o que denomino de "O Qualificador", ou seja, o que irá passar o *lead* em frente à equipe comercial apenas se a oportunidade for realmente real. Isso evita que os comerciais, geralmente com remuneração e/ou comissão maior, percam tempo (e o seu dinheiro) a tratar *leads* "lixo" como dito anteriormente.

Dependendo do negócio e do valor do ticket médio do seu negócio, essa função pode ser estudada se poderá ajudar na eficácia da sua equipe comercial. Portanto, gere dados e avalie os custos antes de definir essa vaga, pois, além de investimento, exigirá liderança. Inclusive, quando o grupo de SDRs já se torna relevante (por volta de sete a dez atendentes), geralmente, coloca-se uma gestão própria e separada das vendas.

Resumo do Capítulo 4

Novos cenários
Demanda crescente pelo atendimento virtual.
O atendimento virtual precisa ser ágil.
A comunicação por e-mail necessita de cuidados especiais, principalmente ao apresentar uma resposta ao cliente.
Um bom site é fundamental.
Atendimento comercial deve estar em sintonia com a quantidade e qualidade dos *leads* gerados em campanhas digitais ou/e campo pelo marketing.
Selecionar quais KPIs são realmente fundamentais na busca da excelência do atendimento virtual.
Velhos desafios
Receber bem o cliente (metaforicamente) física e emocionalmente.
Contar com profissionais no atendimento com o perfil adequado para a atividade.
Conseguir transmitir ao cliente, via estratégias de comunicação, que há suporte.
Profissionais de atendimento ao cliente preocuparem-se a respeito do negócio do cliente, ao sucesso financeiro e operacional do cliente.

Check list – Avalie sua organização

A equipe de atendimento compreende que, mesmo virtualmente, o cliente quer ser bem atendido (metaforicamente) física e emocionalmente?

O atendimento virtual de sua organização é ágil, oferece comodidade, se utiliza da linguagem adequada e segue a etiqueta da comunicação virtual?

Ao comunicar-se por meio de e-mail, a equipe responde às mensagens imediatamente, com começo, meio e fim e objetividade? São adotados modelos e, sempre é feita a revisão ortográfica?

O link "Fale Conosco" de seu site funciona? Periodicamente é testado?

Sua equipe tem a estrutura adequada para prestar um bom atendimento virtual? Eles têm a preparação necessária, tempo disponível, ou mesmo o perfil adequado?

CAPÍTULO 5

ATENDIMENTO TELEFÔNICO – A IMPORTÂNCIA DA AUDIÇÃO ATIVA E REFLEXIVA

(Com a colaboração de Reges Bessa[21])

Se o atendimento pessoal pode estimular os cinco sentidos, o atendimento telefônico, por sua vez, utiliza-se somente da audição. Por essa característica, poderíamos cometer o erro de considerá-lo mais simples, mas justamente por não termos o contato visual com o cliente é que se torna bastante complexo. Nesse sentido, a audição ativa é a base de todo o processo, ou seja, deve-se prestar muita atenção e focar ao máximo no atendimento para não perder "nenhuma palavra".

No atendimento pessoal, o atendente consegue visualizar as reações do cliente, ou seja, dessa forma, consegue perceber sinais, como: dúvida, hesitação, irritação, indignação, entre tantos outros, somente observando a linguagem não verbal. Além disso, a presença física e os feedbacks que o atendente recebe fazem com que ele pense sempre um pouco mais antes de falar algo.

Sendo assim, pela falta do contato visual no atendimento telefônico, o atendente tem que redobrar sua atenção com o que fala e ter a capacidade de perceber pequenos sinais (longas pausas e silêncios, por exemplo) e expressões ("éé...", "mas, ah...", "certo") de forma a se certificar de que conseguiu prestar um bom atendimento. Para tanto, sugere-se o uso da audição reflexiva.

Se na audição ativa presta-se muita atenção, a audição reflexiva caracteriza-se pela repetição das falas do cliente, com o intuito de entender melhor, elucidar ou mesmo dirimir possíveis dúvidas ou mal entendidos. Por

---

[21] Graduado em Fisioterapia pela Universidade do Norte do Paraná, pós-graduado em Administração de Empresas pela FGV, MBA em Gestão e Liderança e mestrando em Design pela Univille. Atua, há mais de 15 anos, na área da saúde com capacitações nas diversas áreas da gestão, com conhecimento vasto e prático baseado na experiência do cliente – regesbessa@gmail.com – @regesbessa.

exemplo, o cliente diz: "mas, ah...", e o atendente repete a última fala questionando: "não estou certo se consegui ser claro, há mais alguma dúvida?". Em outra situação o cliente diz "certo", e o atendente questiona: "o/a Sr./Sra. disse 'certo', isso significa que está de acordo?".

O atendimento telefônico também tem a sua **Hora da Verdade**, que é o tempo que se demora para atender a um telefonema. O tempo de espera para ser atendido talvez seja o ponto que mais gera descontentamento por parte do cliente, considerando o tempo para atender a ligação e a demora a uma resposta ou transferência ou na fila de chamados.

Muitos dos cuidados sugeridos no atendimento pessoal aplicam-se ao atendimento telefônico, mas pode-se destacar:

I. Cuidados especiais no atendimento telefônico

a. Atenda prontamente: evite que o telefone toque mais que três vezes.

b. Ponha "um sorriso" na voz: pare o que estiver fazendo, respire fundo e atenda, concentrando-se no atendimento;

c. Identifique-se: diga o seu nome, seguido do seu setor (ou departamento, ou área) e do cumprimento (bom dia/tarde/noite);

d. Use o nome da pessoa com frequência. Pergunte: "com quem estou falando, por favor?". Anote o nome em um local visível e, durante a conversa, use-o (se necessário, antecedido por um pronome de saudação – Sr./Sra. ou Dr./Dr.ª) para que a pessoa sinta que você está atento e concentrado;

e. Caso a ligação seja para alguém que não está ou que está ocupado: após informar a situação, pergunte: "Você/o Sr./a Sra. deseja aguardar ou posso ajudar?". Ofereça sempre a quem ligou a opção de esperar. Caso a pessoa não queira esperar, anote as informações necessárias para repassar à pessoa que foi procurada e cuide pessoalmente para que o retorno seja dado.

A preocupação em atender rapidamente ao chamado é porque, conforme já citamos, essa é a **Hora da Verdade** no atendimento telefônico. E essa preocupação deve existir tanto em atender em até três toques, como em transferir a ligação quanto na demora em dar respostas.

Deve-se compreender que o cliente, do outro lado da linha, não tem noção de quantas pessoas o atendente está atendendo, ou se os ramais estão todos ocupados, ou mesmo se alguém se ausentou por algum motivo (mesmo que justo). Seu desejo é o de ser atendido prontamente!

Os sistemas de transferência automática, nos quais o atendente digita o ramal desejado e nem precisa aguardar completar a ligação, se, por um lado, facilitam a vida dos atendentes, por outro lado, podem irritar o cliente, caso a transferência não se complete adequadamente, e a ligação fique "vagando" por departamentos e ramais. A transferência de ligações também merece cuidados especiais.

II. Cuidados especiais ao transferir ligações

a. Não se livre do problema: apesar de ser possível, o ideal é que não se transfira a ligação simplesmente discando e desligando, sem esperar ser atendido pela pessoa para a qual está transferindo a ligação;

b. Prepare a outra pessoa: aguarde a pessoa para a qual está transferindo a ligação atender e dê a ela uma rápida ideia do que se trata. Pode-se surpreender positivamente o cliente se, ao atender uma ligação transferida, o atendente demonstrar que já sabe do que se trata. Por exemplo: "Bom dia, Sr. *Fulano*, fui informado de que o senhor deseja saber sobre o custo do *checkup*";

c. Ofereça alternativas – se você tiver que transferir a ligação e não puder aguardar, prepare o cliente; diga, por exemplo: "vou transferir a sua ligação para o setor de orçamentos, ramal 2230, para a Sandra, caso ocorra algum problema, o Sr. pode ligar diretamente para ela". Agradeça e transfira.

Ainda com relação às transferências, recomenda-se, ao atender, identificar-se (padrão de saudação), como por exemplo: "*Fulano de tal, departamento de vendas, boa tarde*". A identificação é para padronizar, mas também para tentar diminuir os casos nos quais o cliente começa a contar o seu problema e, depois de algumas palavras, ouve: "*olha, desculpe, mas vou transferir para... pois isso não é comigo*".

O uso de um padrão de saudação é uma política da empresa, mas sugere-se que primeiro venha o nome do atendente, depois o departamento e o cumprimento, pois muitas vezes o cliente pode estar distraído e, o mais importante, é que ouça o nome do departamento/empresa.

Voltando ao atendimento. Tocou o telefone, pare o que estiver fazendo, concentre-se no atendimento, prepare-se e atenda, colocando um "sorriso na voz". O atendimento telefônico não estimula outros sentidos além da audição, mas podemos perceber pelo tom da voz, respiração e ênfase, o que cada parte envolvida está sentindo, ou seja, o cliente pode perceber, pela voz, má vontade, irritação, pressa, entre outros aspectos.

Pode-se demonstrar atenção e cortesia utilizando o nome do cliente, pois, depois de passado algum tempo, é muito desagradável surpreender (negativamente) o cliente com a pergunta: "como é mesmo o seu nome?". Também é muito ruim questionar o cliente acerca de dados já informados anteriormente no decorrer do atendimento.

A opção de aguardar para ser atendido, ou para receber uma resposta sempre deve ser do cliente, ou seja, o atendente, caso perceba que vai demorar um tempo acima do tolerável, deve perguntar: "o ramal está ocupado, o Sr./Sra. deseja continuar aguardando ou prefere ligar depois?", ou "vou verificar e isto pode demorar um pouco, o Sr./Sra. deseja aguardar ou prefere que eu ligue depois?". Ligar para o cliente deve ser também uma opção, inclusive, trata-se de uma opção que demonstra gentileza e atenção para com o cliente.

Ressaltamos os desafios em atender por telefone e, pelo fato de não haver contato pessoal com o cliente, deve-se ter um cuidado todo especial com o que se fala, ou seja, o atendente demonstra sua postura profissional por meio da comunicação verbal, das palavras que utiliza com o cliente.

III. Cuidados especiais com a comunicação verbal:

a. Nunca use diminutivos: "espera só um minutinho", "é rapidinho";

b. Nunca seja extremamente íntimo: "então, paixão...", "Olha só, querido";

c. Nunca use gírias ou expressões de baixo calão: "esse cara é massa!", "Que m@%&... !";

d. Nunca fale com outras pessoas tapando o bocal do telefone: utilize a tecla mute;

e. Nunca demonstre desconhecimento ou falta de interesse pela informação: "pois é, sabe que não sei?";

f. Nunca use gerundismos: "vou estar ligando", "ele vai estar voltando".

É importante manter uma postura formal durante todo o atendimento para evitar que o cliente confunda, por exemplo, simpatia com excesso de confiança ou mesmo falta de respeito.

O atendente deve estar atento para desligar o telefone somente após o cliente, para evitar o constrangimento de não ouvir uma última dúvida ou opinião.

Ao lidar com clientes que se alongam no atendimento, como por exemplo, alguém que, mesmo após tudo resolvido, conta sobre "a sua vida", ou "comenta uma situação que ficou sabendo", o atendente deve esperar o momento mais oportuno, como uma "pausa para respirar" e questionar: "o Sr./Sra. tem mais alguma dúvida, ou há mais alguma coisa em que eu possa auxiliá-lo?". Caso a resposta seja "não", o atendente deve agradecer pela ligação e colocar-se à disposição para um novo contato, quando necessário. Dessa forma, estimularemos o cliente a desligar.

Resumo do Capítulo 5

Novos cenários
A Hora da Verdade no atendimento telefônico é o tempo que se demora a atender uma ligação.
Sistemas automatizados de transferência de ligações são fontes potenciais de insatisfação e reclamação.
É um erro considerar que o atendimento telefônico é mais fácil que o atendimento pessoal.

Velhos desafios
Praticar a audição reflexiva.
Ter cuidados especiais com a comunicação verbal.
Atender prontamente, colocar "um sorriso" na voz, identificar-se, usar o nome da pessoa com frequência e adotar cuidados especiais ao transferir uma ligação.

Checklist – Avalie sua organização

A equipe de atendimento pratica a audição reflexiva?

Como é a Hora da Verdade no atendimento telefônico em sua organização?

A equipe toma alguns cuidados especiais como atender prontamente, colocar "um sorriso" na voz, identificar-se, usar o nome do cliente com frequência e anotar corretamente recados?

Ao transferir uma ligação, a equipe preocupa-se em não apenas "livrar-se do problema", mas em preparar o próximo atendente?

Há um padrão de saudação (identificação) no atendimento? Todos os atendentes utilizam-se disso?

A equipe preocupa-se em manter uma boa comunicação verbal evitando o uso de diminutivos, excesso de intimidade, gírias e gerundismos?

Todos estão bem preparados e, dessa forma, não demonstram desconhecimento ou falta de interesse no atendimento?

CAPÍTULO 6

ATENDIMENTO PESSOAL – A HORA DA VERDADE NO FACE A FACE COM O CLIENTE

(Com a colaboração de Franciele Vaz[22])

Quando se refere a atendimento, pressupõe-se o envolvimento de pelo menos duas pessoas, o atendente e o cliente, seja no atendimento virtual, telefônico ou pessoal e, dessa forma, irão interagir. Pode parecer uma definição simplista, mas é na obviedade que mais temos chances de errar, pois se corre o risco de "ligar o piloto automático" e não se concentrar no que se está fazendo ou nos detalhes relacionados ao processo. Então, atenção: no atendimento pessoal, o elemento chave é a expressão "de forma presencial irão se relacionar".

Uma vez que o atendimento pessoal é presencial, isso significa que o cliente estará presente fisicamente antes e durante o processo e, dessa forma, faz-se necessário cuidar com o pré-atendimento e o atendimento propriamente dito.

O pré-atendimento

Não é demais lembrar que o atendimento pode ser considerado uma prestação de serviços, em razão de o profissional que está em contato com o cliente ter a preocupação em atender às necessidades e expectativas dos clientes. Dessa forma, espera-se que todos os profissionais que executam alguma atividade na qual exista a possibilidade de contato com pessoas sejam vistos e/ou tenham a postura de prestadores de serviço, pois mesmo que um estranho entre na sua empresa para pedir uma informação sobre seu vizinho, indiferente a resposta do profissional que oferece suporte,

---

[22] Aspirante a engenharia civil, Mestre em Design pela Univille; MBA em Gestão Estratégica de Negócios e graduada em Marketing pela Faculdade Anhanguera. Atua na área de vendas desde 2003 e desde 2016 na carreira acadêmica. Já realizou curadorias, palestras e participação em comissão organizadora de congressos. Contato pelo e-mail: franciele_vaz@hotmail.com

a simples preocupação em direcioná-lo corretamente leva a crer numa característica de prestação de serviços, porém se essa resposta está dentro da expectativa da pessoa, depende de cada caso, devido a pessoa ou seu futuro cliente já estar pré-julgando a empresa inconscientemente desde o primeiro contato.

Nesse contexto, nada melhor do que propriamente transmitir segurança ao cliente, desde antes do atendimento pessoal, e, para isso, o ambiente é fundamental. Invista em:

a. Um bom estacionamento, de fácil localização e acesso, e com vagas suficientes;

b. Boas placas de identificação e sinalização;

c. Quadros com informações úteis, linguagem acessível, cores adequadas e instalados em locais estrategicamente definidos;

d. Um profissional capacitado executando uma triagem inicial;

e. Ambiente limpo, organizado e agradável;

f. Layout que facilite o deslocamento das pessoas (clientes externos e internos). Sugiro separar os atendentes dos outros profissionais que não executam atendimento;

g. Uma boa gestão de filas e da espera pelo atendimento.

Cada operação, dependendo do público-alvo ao qual se destina, vai permitir maiores ou menores comodidades, todavia, de alguns itens não se pode abrir mão. Quanto mais tranquilo e seguro (de que escolheu o local certo) o cliente estiver, mais fácil poderá ser o atendimento. Sem contar que, se o cliente veio pessoalmente, existe a possibilidade de ter avaliado o site da empresa.

Em relação ao estacionamento, se a organização dispuser de local próprio, oferecer essa comodidade é um elemento que, muitas vezes, é um fator de escolha. Quem já não pensou em algum momento: "vou lá porque tem onde deixar o carro"? Caso não disponha de local próprio, e os custos de oferecer essa comodidade sejam proibitivos para a operação, demonstre ao cliente que você se preocupa com o seu bem-estar e faça parcerias, mesmo que o custo seja bancado pelo cliente; passa a ser uma opção do cliente pagar ou não.

Detalhe importante: não é recomendável misturar estacionamento dos clientes com o de funcionários e/ou reservar vagas, pois, se o de clientes estiver lotado, não haverá uma boa percepção quanto à reserva de vagas. Já imaginou deparar-se com um estacionamento lotado e, ao olhar uma vaga disponível, ver uma placa em que se lê: "reservado para a diretoria". Inaceitável, não é?!

Boas placas de acesso, sinalização, e quadros com informações que realmente façam a diferença para o visitante. Pessoas com deficiência estão profissionalizando-se e atuando ativamente no mercado de trabalho em cargos de confiança. Então, se você não quer passar vergonha, invista em uma comunicação clara e objetiva, imagens, infográficos e piso tátil são bem-vindos.

Ainda em relação à sinalização, é fundamental conhecer muito bem o público que é atendido na operação de serviços para "falar a sua língua" e atenção, por falar nisso, uma tendência futura é placas bilíngues, pois fazemos parte de uma sociedade globalizada.

Apesar de todos os cuidados anteriormente citados, às vezes, o cliente não sabe o que deseja ou aonde se dirigir. Nesse sentido, um profissional capacitado executando uma triagem inicial é um investimento que, por vezes, apresenta um custo muito baixo em relação ao benefício, pois podemos evitar que entre na fila errada e, após algum tempo de espera, descubra isso e, talvez, descarregue todo o seu descontentamento no atendente. Vale salientar que podemos até considerar que a triagem já é um atendimento, mas, como a ideia é somente indicar para o cliente o "caminho mais adequado", optamos por considerar como um pré-atendimento.

Esse cuidado é importante para não transformar o local onde ocorre a triagem, por exemplo, em um guichê de atendimento propriamente dito, pois, assim, perderá sua agilidade e função inicial.

Um ambiente limpo, organizado e agradável é o básico, mas, por vezes, as organizações descuidam disso e oferecem, ao cliente, ambientes sujos, com poltronas rasgadas, péssima acústica e temperatura. Não estou nem considerando operações nas quais o cliente fica na calçada debaixo de sol e de chuva, pois entendo isso como totalmente inaceitável.

Preocupe-se com pequenos detalhes, como por exemplo, oferecer água e café (e que o porta copos descartáveis esteja sempre abastecido), algo atualizado para ler ou mesmo uma boa programação na televisão. Caso lide com crianças ou pais acompanhados, tenha uma área que ofereça algum tipo de distração ou entretenimento.

Vale reforçar, prime pela limpeza e constante organização do ambiente, incluindo as plantas, que devem estar sempre bem cuidadas e transmitindo boa aparência. Uma realidade também é oferecer acesso à internet (Wi-fi).

Outro aspecto a ser considerado é a forma como os clientes são avisados de que sua vez chegou. É possível perceber uma ansiedade no ar em ambientes onde as pessoas são chamadas pelo nome, sendo esse gritado a partir de algum lugar, ou seja, audível para alguns e inaudível para outros, dependendo da disposição física do ambiente.

Além disso, dependendo da característica do atendimento, pode ser constrangedor para o cliente ter seu nome chamado e todos os demais clientes notarem que ele se dirige para determinada sala ou ponto de atendimento.

Pense no melhor layout para a área de atendimento, de forma que facilite o deslocamento das pessoas. Não é adequado que o cliente passe por áreas que não têm relação com o atendimento, ou seja, se a operação tem quatro andares, é recomendável que a área de atendimento esteja no térreo. Se os clientes precisam descarregar produtos, o ideal é que parem perto da área de carga e descarga, mesmo que em vagas transitórias.

Pode-se evitar muito estresse e insatisfação por parte dos clientes cuidando-se de detalhes simples; imagine-se em uma sala com oito pessoas, em que, dessas, as quatro que ocupam as mesas à frente atendem aos clientes e, as outras quatro, ao fundo, somente executam trabalhos internos; coloque-se no lugar do cliente que, ao chegar, pega a senha número 20, e verifica que acabaram de chamar a senha número 10 e senta-se à espera de atendimento. Em poucos minutos, estará perguntando-se por que somente quatro atendem e quatro não atendem ninguém.

A preocupação de tirar da vista pessoas que não trabalham com atendimento, mas que compartilham o mesmo espaço, é importante, e esse potencial causador de problemas e reclamações pode ser evitado.

E, por falar em espera, a gestão de filas é fundamental. Alguns cuidados importantes:

    a. O tempo desocupado parece mais longo – ofereça distrações ao cliente, com revistas e televisão;

b. A espera fisicamente incômoda parece mais longa – lembre, além de distrações com revistas e televisão com conteúdo preferencialmente voltado ao seu ramo de atuação, pufes, sofás ou poltronas são bem-vindos para esse aguardo, as pessoas precisam estar bem acomodadas fisicamente, se existe a possibilidade de demora;

c. A ansiedade faz a espera parecer mais longa – por esse motivo, a espera incerta é mais longa do que a conhecida, finita. Dessa forma, quando o cliente conhece o critério para ser chamado, não ficará inseguro com a ordem de atendimento;

d. A espera injusta é mais longa que a equitativa – cuidado com situações que (por força da lei ou não) fazem com que pessoas passem na frente de outras.

A triagem inicial contribui muito com a gestão das filas e da espera, assim como um bom sistema de senhas. Muito embora ninguém goste de esperar, perceber que há uma boa organização, ter uma estimativa de tempo e entender o porquê de estar esperando diminui a ansiedade e a insegurança do cliente, facilitando o trabalho dos atendentes. Logicamente existem situações extremas, como por exemplo, na área médica; um paciente com forte crise renal não vai ficar mais feliz pelo fato de saber que a sua senha é a de número 10 e que o tempo estimado para atendimento é de 60 minutos.

Excetuando os casos extremos, podemos afirmar com bastante segurança que os cuidados com o pré-atendimento podem colaborar significativamente com o atendimento propriamente dito. Se começarmos bem, provavelmente, teremos um cliente mais tranquilo, menos ansioso e, dessa forma, maiores chances de continuar realizando um bom trabalho.

Atendimento pessoal – a hora da verdade

Jan Carlzon[23] relatou que os primeiros 15 segundos de contato do cliente com o atendimento são a **Hora da Verdade**, pois é nesse intervalo de tempo que se forma sua impressão em relação à empresa ou à organização. Por se tratar de uma interação presencial entre pessoas, característica do atendimento pessoal, alguns cuidados são fundamentais:

---

[23] Executivo da SAS (empresa de aviação da Suécia) escreveu o best-seller *A hora da verdade*, lançado em 1980, relançado frequentemente e ainda uma referência obrigatória para quem se preocupa com a qualidade no atendimento ao cliente.

I. Cuidados especiais com o local de atendimento e com os recursos necessários:

a. O ambiente onde ocorre o atendimento/trabalho deve estar organizado, limpo e com iluminação e temperatura adequados;

b. Deve haver uma boa organização da área de trabalho (incluindo layout da mobília como mesa e/ou balcão). O atendente deve ter sempre à mão tudo o que precisa para realizar sua atividade; material informativo, bloco de anotações, agenda ou um caderno e caneta, pois se deve centralizar em um só local todos os recados, informações e detalhes operacionais, rascunhos e pequenos papéis devem ser evitados, pois eles se perdem;

c. Cada local de trabalho deve ter uma decoração compatível com seu segmento e clientes e, por esse motivo, os profissionais que atuam no setor devem estar atento se objetos pessoais, fotos, "bichinhos" e outros "objetos decorativos" são adequados;

d. Sistemas informatizados e integrados devem ser frequentemente revisados para garantir o pleno funcionamento e deve sempre existir um plano contingencial caso o sistema não funcione; cuidado com senhas e chaves de acesso. O atendente deve ter pleno domínio quanto à utilização do sistema e, em hipótese alguma, deve fazer comentários depreciativos na frente dos clientes. Em caso de dúvidas, o atendente deve saber a quem recorrer e deve fazê-lo de forma profissional, mantendo a serenidade e simpatia perante o cliente;

e. Bagunça, conversas, bate-papos e brincadeiras não são adequadas, pois, quando menos se espera, alguém pode chegar, além de ser uma extrema falta de profissionalismo falar mal de alguém, seja cliente, colega de trabalho ou família no local onde há circulação de pessoas;

f. Os atendentes nunca devem deixar seu local de trabalho sozinho, deve--se procurar organizar as saídas eventuais com toda a equipe. Caso isso não seja possível, deve-se deixar em algum local visível o aviso de quando o atendente retornará, mas esse recurso só deve ser utilizado em casos extremos;

g. No local de atendimento, os lanchinhos são proibidos! E não adianta esconder-se atrás do balcão, ou do terminal, ou mesmo embaixo da mesa.

II. Cuidados em relação aos atendentes e sua postura profissional:

a. A pontualidade é fundamental! Os horários de entrada e saída devem ser seguidos à risca. A verdade é que o cliente pode (mas não deveria) atrasar-se ou se adiantar, os atendentes não. Evite chegar em cima da hora, antecipe-se aos clientes;

b. A postura física, modo de se sentar e olhar as pessoas também faz parte do atendimento. É importante a equipe de atendimento compreender que não está em casa, e não está falando com familiares e amigos;

c. Não se recomenda a utilização do celular pessoal no local de atendimento ao cliente. Caso exista alguma situação específica que justifique estar ligado, deve, então, ser colocado na função silencioso ou *vibracall* para evitar atrapalhar o ambiente de trabalho. Jamais atenda ou envie mensagens na frente do cliente;

d. A vestimenta dos atendentes deve ser compatível com o ambiente profissional, o público-alvo e a legislação (quando aplicável), uniformes são uma boa alternativa para eliminar dúvidas, distorções e para criar um espírito de equipe (mas sua utilização de forma correta e manutenção devem ser constantemente observados), porém, com a tendência de organizações mais liberais, vale ressaltar certo cuidado com o traje informal ou os uniformes com decotes, roupas justas e estampas, mas é questão de bom senso "posso tudo, mas nem tudo me convém";

e. Quanto à aparência pessoal, higiene pessoal é fundamental. Cabelos (independente do comprimento) limpos e bem cuidados são fundamentais. Maquiagem, se necessário, e perfume na medida certa, também, considere que a aparência não deve chamar mais atenção do que o trabalho propriamente dito;

f. Quando aplicável, é imprescindível que o crachá esteja afixado sempre em local visível para facilitar a identificação e a comunicação com as pessoas. O crachá indicando "em treinamento" também é recomendável para demonstrar preocupação e zelo com o cliente;

g. Os atendentes devem habituar-se a falarem sempre "por favor", "obrigado", "por gentileza", "com licença", entre tantas outras expressões que fazem a diferença e demonstram boa educação e respeito para com o cliente;

h. Outro comportamento importante a ser desenvolvido na equipe é o de estudar e aproveitar bem o tempo conhecendo os materiais, as rotinas e procedimentos de sua área e interessando-se em conhecer as atividades realizadas por outros setores. Dessa forma, todos saberão onde buscar informações, esclarecer dúvidas e encaminhar a pessoa atendida caso esteja na área errada;

Os aspectos tratados nos itens I e II estão ligados diretamente a um investimento constante em treinamento e desenvolvimento da equipe e das lideranças, temáticas abordadas nos capítulos 2 e 8.

Considerando que o atendimento lida com a imprevisibilidade, os cuidados listados nos itens I e II podem ser entendidos também como a preparação, a parte previsível, para estarmos mais bem preparados para lidar com o imprevisível.

Sendo assim, sugerimos alguns cuidados especiais ao efetivamente atender o cliente e, para tanto, dirigimo-nos diretamente aos atendentes:

III. Cuidados especiais que os atendentes devem ter durante o atendimento:

a. **Receba emocionalmente bem a pessoa**: demonstre (verbal e não verbalmente) que está satisfeito com sua presença e que irá atendê-la da melhor forma possível. Levante-se para receber a pessoa, caso isso seja possível e adequado ao seu setor e, se fizer parte de suas características pessoais, sorria, pois essa é uma das melhores demonstrações de acolhimento. É importante, também, não criar pré-conceitos quanto ao cliente, por sua aparência ou vestimenta!

b. **Receba fisicamente bem a pessoa**: ofereça um local para a pessoa sentar e aguardar, se possível, ofereça também uma água ou um café, enfim, procure certificar-se de que a pessoas está confortável;

c. **Atenção total à pessoa**: ouça o cliente com atenção e, se necessário, faça perguntas para procurar entender bem o que ele, o cliente deseja. Olhe a pessoa nos olhos (sem intimidar) e anote as principais informações ou dúvidas (isso demonstra sua preocupação em bem atender), procure realmente compreender a necessidade do cliente antes de finalizar o atendimento.

d. **Use o nome da pessoa com frequência**: anote o nome em um local visível e, durante a conversa, use-o para que a pessoa sinta que você está atento e concentrado; pronomes de saudação (Sr./Sra., Dr./Dr.ª, entre outros) devem ser utilizados, salvo quando, visivelmente, a pessoa é muito jovem. Certa formalidade é sempre adequada;

e. **Evite intimidades:** mesmo com pessoas conhecidas, seja profissional e evite brincadeiras ou comportamentos muito descontraídos;

f. **Finalize adequadamente o atendimento:** tenha certeza de que não há mais dúvidas ou pendências e que, se possível, o cliente ficou totalmente satisfeito. Uma forma simples de finalizar um atendimento, quando isso for necessário, é olhar o cliente e questionar "o Sr./Sra. precisa de mais alguma informação?" ou "posso ajudá-lo(a) em mais alguma coisa?". Se a resposta for negativa, agradeça e diga "obrigado por ter vindo" ou "até uma próxima, então". Pode parecer indelicado, mas, muitas vezes, um cliente fica "contando a sua vida", enquanto a fila vai crescendo, é claro que se deve ter muito cuidado, pois há uma linha muito tênue entre agilidade e "enxotar" o cliente.

É sempre bom relembrar que as pessoas querem ser bem recebidas física e emocionalmente e que esse é o primeiro passo para um bom atendimento.

Devo salientar, ainda, que, "a distância adequada" é o atendente que determina, ou seja, a forma de se expressar e as intimidades que utilizar demonstrarão ao cliente até onde "ele pode chegar", ou seja, simpatia e o que pode ser entendido como "excesso de confiança" estão muito próximos.

O atendimento pessoal é essencialmente o cerne do atendimento ao cliente, pois muito antes do telefone e da internet, era na relação pessoal que a maiorias das questões resolvia-se. Além disso, o atendimento pessoal é o que permite, na maior parte dos casos e dos clientes, a estimulação dos cinco sentidos.

a. O cliente está vendo tudo o que está acontecendo antes, durante e depois do atendimento; está vendo também o atendente e sua aparência, postura e nível de atenção e dedicação, além de sua linguagem não verbal; e é por meio do que está vendo, antes mesmo de ser atendido, que o cliente formará um pré-conceito.

b. Assim como vê, o cliente ouve tudo o que está acontecendo, como conversas paralelas e todos os demais ruídos do local, o que muitas vezes pode contribuir para uma maior irritabilidade e impaciência;

c. O cliente pode receber um cumprimento e perceber o acolhimento do atendente, além de tocar revistas, documentos e objetos;

d. O cliente sente cheiros, que podem ser agradáveis e calmantes, que podem abrir o seu apetite, mas que também podem ser desagradáveis e insuportáveis, contribuindo para uma experiência negativa (cuidado com banheiro próximo à recepção, principalmente para que haja uma boa manutenção nele);

e. O cafezinho pode ser delicioso ou ser alvo do seguinte comentário: "até o cafezinho daqui não presta!".

Percebe-se que os estímulos aos cinco sentidos podem ser positivos ou negativos, ou seja, no atendimento pessoal, todo tipo de detalhe deve ser cuidadosamente planejado e verificado.

Outro tipo de atendimento pessoal pode ser prestado por algumas empresas, o atendimento a domicílio. Por suas características próprias, alguns cuidados especiais devem ser observados:

IV. Cuidados especiais no atendimento a domicílio:

a. O atendente deve ter um roteiro de atendimentos planejado, devidamente agendado e deve levar consigo todos os recursos necessários para prestar o atendimento;

b. As questões relacionadas à aparência pessoal e ao uso do uniforme são as mesmas citadas no atendimento pessoal, todavia, por questão de segurança, um crachá ou identificação da empresa é fundamental;

c. O atendente deve ser instruído a aguardar autorização/convite para entrar na casa/empresa do cliente, assim como esperar por sua indicação de onde sentar-se ou para qual local/cômodo dirigir-se. Palavras como "com licença", "posso...", "o Sr./Sra. me permite..." são fundamentais, pois "estamos em território que não é o nosso". Jamais se deve entrar em um cômodo/sala sem autorização e sem bater à porta antes;

d. Manter o foco no trabalho é um desafio. Como não há filas e, muitas vezes, o cliente "puxa papo", o atendente deve ser educado, atencioso, mas focado, pois sempre há um cronograma a ser cumprido. Em conversa com o cliente, mesmo que seja "cliente amigo", evite perguntas indiscretas e assuntos não profissionais, além de perder o foco, podem-se abrir oportunidades para particularidades delicadas ou temas de repercussão. Apenas lembre "política, religião e futebol não se discute";

e. O cliente não aceita mais, atualmente, ficar o dia inteiro em casa à espera do atendimento, pelo fato de a empresa não poder "precisar o horário". Agendar o horário com certa dose de tolerância é o adequado e pode ser um diferencial.

Resumo do Capítulo 6

Novos cenários
Cuidados com o ambiente (de modo geral), pois se trata do "pré-atendimento".
O estacionamento pode ser um diferencial competitivo.
Uma boa gestão das filas é fundamental.
Cuidados especiais com o local de atendimento e com os recursos necessários para um bom serviço ao cliente.
Mostrar total atenção ao cliente.
Uniformes para os atendentes são recomendados.
O atendimento a domicílio também exige cuidados especiais.
Velhos desafios
Lidar com a "hora da verdade".
Cuidados com os atendentes e sua postura profissional.
Receber bem o cliente, física e emocionalmente.
Estimular positivamente os cinco sentidos, pois o atendimento pessoal é o único que permite isso.

Check list – Avalie sua organização

Como é o ambiente de sua organização? É adequado ao "pré-atendimento"?

Os clientes dispõem de uma triagem inicial para evitar dúvidas e deslocamentos desnecessários?

O seu "pré-atendimento" funciona bem?

Como é a "Hora da Verdade" em sua organização?

No atendimento, propriamente dito, como são os cuidados com o local, os recursos humanos e a postura profissional dos atendentes em sua organização?

Os cuidados especiais durante o atendimento, como receber bem física e emocionalmente o cliente, ter atenção total, usar o seu nome com frequência, evitar intimidades e finalizar adequadamente o atendimento, estão sendo observados pela equipe?

Em sua operação de atendimento, os cinco sentidos são positivamente estimulados?

Sua organização atende a domicílio? Qual é a qualidade desse serviço?

CAPÍTULO 7

O ATENDIMENTO A PÚBLICOS DIFERENCIADOS E SUAS ESPECIFICIDADES

(Com a colaboração de Franciele Caroline Gorges[24])

Assim como cada operação de atendimento ao cliente pode ter características muito particulares, os clientes também podem ter as suas especificidades, como a idade (idosos e suas limitações) ou deficiências físicas e/ou mentais.

Clientes com características muito específicas demandarão um cuidado extra da equipe, ou mesmo, pessoas da equipe que sejam destacadas para esses atendimentos "especiais", muito embora essa não seja a opção ideal, pois o melhor é que todos estejam aptos.

Atendimento a pessoas com deficiência

Pessoas com deficiência[25] deverão ser tratadas com cuidados diferenciados, mas principalmente, com a mesma atenção e gentileza com a qual devemos tratar a todos. Mas atenção, gentileza em excesso também pode gerar desconforto.

Os cuidados especiais começam com a questão da acessibilidade. Os locais de atendimento devem estar adequados para receber pessoas com deficiência e/ou necessidades especiais. Sugerimos consultar a legislação específica[26].

---

[24] Engenheira de produção e mestranda em Design pela Universidade da região de Joinville – Univille. Tem experiência na área de logística e suprimentos em empresas de médio e grande porte no segmento industrial. Atua na parte de pesquisa e extensão da universidade e faz parte de projetos vinculados ao mestrado. fran.karate@hotmail.com

[25] Pessoa com deficiência é a nomenclatura adotada atualmente no Brasil. Para maiores informações consulte o site www.pessoacomdeficiencia.gov.br

[26] O site http://www.pessoacomdeficiencia.gov.br/app/normas-abnt traz as normas da Associação Brasileira de Normas Técnicas (ABNT) sobre o assunto.

São inúmeros tipos de deficiência, conforme nomenclatura da Organização Mundial da Saúde, mas os mais comuns são: a deficiência física, a visual, a auditiva e a mental. Essas podem manifestar-se isoladamente ou conjuntamente.

Ao lidar com **cadeirantes**, não segure a cadeira automaticamente. A cadeira de rodas faz parte do espaço corporal da pessoa, então, pergunte se ela precisa de algum auxílio. Sempre tente acomodar-se de forma que a pessoa na cadeira não fique por muito tempo com o pescoço estendido, olhando para cima, principalmente quando ocorrer uma conversa mais longa. Use as palavras "andar" ou "correr" normalmente, pois faz parte do vocabulário cotidiano, poucas são as pessoas que se sentem desconfortáveis ao escutar e fique atento com as barreiras estruturais durante o percurso, esclarecendo à pessoa que, caso seja preciso, você poderá auxiliá-la.

Caso o cliente faça uso de **muletas**, acompanhe o ritmo da caminhada da pessoa e verifique possíveis obstáculos no trajeto, principalmente evitando tropeços.

Se o atendente perceber que o cliente apresenta **deficiência visual**, procure observar se a pessoa precisa de algum auxílio, aproxime-se, apresente-se e faça-a perceber que você se dirige a ela; se você não souber como auxiliar, peça para a pessoa explicar-lhe como fazer. Para guiar a pessoa, espere que ela segure o seu braço ou ombro e sempre caminhe um pouco à frente de forma a guiar-lhe. Para se sentar, guie-a até a cadeira e coloque a mão dela no braço ou no encosto da cadeira. Use as palavras "veja" ou "olhe" normalmente. Quando sair do local onde a pessoa se encontra, informe-a disso.

Ao lidar com **deficientes auditivos**, o atendente deve falar de forma clara, com o mesmo ritmo e no mesmo tom – se for o caso, escreva em um papel, assim a comunicação ficará facilitada; somente se lhe for pedido, fale mais alto ou mais devagar. Procure falar diretamente com a pessoa e demonstre expressão, mas sem gesticular ou segurar algo que dificulte a leitura labial.

A pessoa com **deficiência mental** pode apresentar dificuldades na fala e no andar, siga o ritmo da pessoa ao caminhar e, caso você não compreenda alguma fala, peça para a pessoa repetir.

Independentemente do tipo de deficiência, o atendente deve ter muito cuidado com sua linguagem não verbal; não olhe a pessoa com pena ou repulsa, seja paciente e respeitoso e, se não se sentir capaz de lidar com a situação, peça a alguém para ajudá-lo(a) ou substituí-lo(a).

Em qualquer tipo de atendimento, a curiosidade não tem espaço, mas, nesse caso em específico, o cuidado deve ser redobrado. Não seja curioso, não faça perguntas constrangedoras e pessoais, em caso de dúvida, pergunte: "como devo proceder? ".

Mesmo que a pessoa com deficiência ou necessidade especial esteja acompanhada, dirija-se primeiro a ela e não ao acompanhante; se necessário escreva em um papel e mostre à pessoa e, por mais que você queira ajudar, não toque as pessoas sem autorização prévia. Essa autorização pode ser obtida por meio da pergunta: "posso ajudá-lo(a)?" ou "precisa de alguma ajuda?".

As equipes de atendimento devem estar cada vez mais preparadas para lidar com esse cliente face à crescente inserção no mercado de trabalho, nas escolas regulares, enfim, na sociedade como um todo em busca de sua independência.

Antes de qualquer atendimento, seja ele para um público especial ou não, faça uma pergunta: "como eu gostaria de ser atendido se estivesse no lugar deste cliente?".

Atendimento a idosos

Nosso país (e não somente ele) deixou de ser uma pátria de jovens há muito tempo. A expectativa de vida cresce a cada ano e, cada vez mais, idosos deixam de ficar confinados em suas casas e passam a sair, consumir, viver na plenitude. Sendo assim, as equipes de atendimento devem estar preparadas para esse público também.

O primeiro passo é consultar o Estatuto do Idoso e, se for o caso, legislação específica de cada localidade e preparar uma capacitação para a equipe.

A equipe deve compreender que idosos têm, por vezes, limitações físicas que podem dificultar a sua locomoção, sua audição, a visão e, na maioria das vezes, uma carência por conversar, dentre outras possibilidades. Essa compreensão é fundamental para que o atendente esforce-se ao máximo para ter certeza de que está prestando um bom atendimento.

Por mais que o idoso não apresente uma deficiência física (explicitamente), a idade pode gerar limitações. Por exemplo: o atendente solicita que o cliente (idoso) leia um documento para uma posterior assinatura. A idosa pega o papel, coloca no balcão e vai procurar em sua bolsa os óculos para leitura. É nessa hora que o atendente deve ter muito cuidado com sua linguagem não verbal e esperar pacientemente.

O exemplo anterior ainda é algo tranquilo. Modernamente, o maior desafio no atendimento ao idoso concentra-se em duas questões: o choque de gerações e a informatização.

Provavelmente, na maioria dos casos, o idoso será atendido por alguém bem mais jovem.

Jovens tendem a ser menos formais, mais despojados e a fazerem brincadeiras. Idosos tendem a ser mais formais e reservados.

Como o objetivo é satisfazer o cliente, a equipe tem que ser alertada para (principalmente em relação aos idosos) ser mais formal, mais focada e deixar de lado o despojamento.

Idosos são imigrantes digitais; jovens são nativos digitais. O que é simples para um jovem, pode ser muito complicado para o idoso, por desconhecimento ou mesmo por limitações físicas (visão e/ou audição) e cognitivas (rapidez de raciocínio).

A equipe deve estar preparada para explicar os procedimentos, telas e links quantas vezes for necessário.

O tema capacitação será abordado no capítulo 8, conforme já comentado, mas vale antecipar uma possibilidade. Experimente colocar sua equipe de atendimento com acessórios que simulem a realidade do idoso. Podem ser talas que dificultem a locomoção, luvas que reduzam o tato, óculos que prejudiquem a visão, tampões que prejudiquem a audição. Promova vivências em que os atendentes (paramentados com esses acessórios) sejam clientes.

Tenho certeza de que passarão a compreender melhor as dificuldades de idosos e de pessoas com deficiência física e/ou limitações.

Lembre-se: idosos têm uma enorme carência por afeto e atenção. Não é raro que a ida para lojas e hospitais também possa ser a busca de um pouco de conversa e atenção. Trocar experiências entre gerações enriquece, e quem é jovem, futuramente, estará na condição de idoso.

Resumo do Capítulo 7

Novos cenários
Pessoas com deficiência e idosos serão cada vez mais presentes nas organizações. Trata-se de um mercado em franco crescimento.
O choque de gerações. Atendentes jovens lidando com idosos.
Ter muita paciência e respeito com os idosos. Seu ritmo, valores critérios de avaliação são diferentes.

Velhos desafios
Deficientes e idosos precisam, mais do que qualquer outro cliente, de atendentes com um perfil diferenciado.

Check list – Avalie sua organização

A equipe de atendimento sente-se preparada para lidar com pessoas com deficiência?

A equipe tem a paciência e o respeito necessários para lidar com idosos?

Seu ambiente de atendimento é acessível?

A equipe está capacitada para lidar com deficientes físicos, visuais, auditivos e mentais, considerando que cada deficiência possui uma especificidade relacionada ao atendimento?

Alguém da equipe tem o perfil diferenciado para lidar com deficientes e idosos?

CAPÍTULO 8

LIDANDO COM RECLAMAÇÕES – DESCUBRA COMO MANTER O EQUILÍBRIO

Não existe surpresa, se o atendente trabalha na área de atendimento a reclamações, esse será o seu dia a dia, todavia nem todos os profissionais trabalham exclusivamente nessa área, ou seja, quem lida diariamente com os clientes pode ser surpreendido com uma reclamação inesperada.

Ao se lidar com reclamações, além dos princípios básicos do bom atendimento (receber bem física e emocionalmente), pode-se acrescentar uma prioridade: os clientes desejam que seus problemas sejam resolvidos; possivelmente, até esse momento, sua **experiência** não é nada boa. Este é o desafio: reverter essa percepção ruim!

É claro que, em todos os tipos de atendimento já abordados até o momento, sempre há a expectativa de resolução, todavia, em se tratando de atendimento a reclamações, há uma demanda específica sendo reportada pelo cliente.

Aaker[27] afirma que apenas 10% dos clientes insatisfeitos manifestam seu descontentamento, a maioria simplesmente muda de fornecedor; em um ambiente altamente competitivo, como o que a maioria das organizações opera, não estimular que o cliente reclame, disponibilizando canais acessíveis e receptivos às reclamações, pode ser fatal, ou seja, atender bem a uma reclamação é estratégico e, acima de tudo, uma grande oportunidade de melhoria contínua. Sendo assim, alguns cuidados especiais são fundamentais.

I. Cuidados especiais no atendimento a reclamações

a. Receba bem (física e emocionalmente o cliente): por mais que a primeira fala do cliente tenha sido, por exemplo: "quero fazer uma reclamação", o atendente deve manter-se calmo e demonstrar receptividade. Por exemplo, continue sorrindo e diga: "certo, vamos ver no que podemos ajudá-lo?";

---

[27] David A. Aaker é um especialista na área de estratégia e marketing. Um de seus livros é *Administração estratégica de mercado*, obra que relaciona a importância de uma visão estratégica (sistêmica) para a área de marketing. O site de sua empresa de consultoria é www.prophet.com

b. Entenda que você representa a empresa: é difícil não levar as críticas para o lado pessoal, mas o atendente deve compreender que, na visão do cliente, ele representa a empresa e "tudo o que de errado aconteceu";

c. Escute atentamente e faça perguntas: não tente argumentar inicialmente, quando uma pessoa reclama, seu objetivo é convencer, mostrar que tem razão, por isso, ao argumentar, o atendente faz com que a pessoa busque novas razões e justificativas. Faça perguntas no sentido de compreender realmente do que se trata e também para ajudar o cliente a desenvolver um raciocínio;

d. Repita com suas próprias palavras e defina o foco: o cliente pode contar "toda uma história", demonstrar sua indignação e irritação, ou mesmo ameaçar; o atendente, após ouvir atentamente e, se for o caso, fazer perguntas para uma melhor compreensão, deve resumir o relato do cliente e, sempre que possível, definir um foco. Por exemplo: "então o Sr./Sra. disse que aconteceu *tal coisa* (**resumidamente**), e que hoje seu aparelho não está mais funcionando e que, por isso, deseja um aparelho novo? É isso"? Ao definir o foco, o atendente deve analisar a situação com calma, firmeza e objetividade, buscando definições concretas;

Reputa-se a Sam Walton[28] a célebre frase: "o cliente tem sempre razão", mas nem sempre isso é uma verdade. Por vezes, o cliente não tem razão e cabe ao atendente mostrar isso de forma adequada. Sugiro que a frase de Walton seja substituída pela seguinte expressão: "**o cliente é a razão**"!

Considerar o cliente "**a razão**" significa compreender que todo o foco deve estar no cliente e em sua satisfação. Também demonstra a percepção de todos de que, sem clientes, não há empresa, atendimento, serviço, ou seja, nada acontece se não existir o cliente.

Ao analisar a solicitação do cliente, o atendente deve avaliar se o cliente tem razão ou não. Considerando que estamos em uma empresa idônea onde clientes são ressarcidos, têm seus produtos substituídos e não têm prejuízos, é muito tranquilo lidar com uma situação na qual o cliente tem razão, pois a solução do problema será simples. Por outro lado, caso o cliente não tenha razão, o atendente deve explicar detalhadamente o motivo, justificando os motivos com provas e documentos.

Em alguns casos, mesmo que o cliente tenha razão, a solução apresentada pode não satisfazê-lo totalmente, como por exemplo, em uma companhia aérea, no caso do extravio de bagagem. A indenização normalmente não

---

[28] Samuel Moore Walton foi o fundador da rede de varejo Wal-Mart

condiz, na visão do cliente, com a perda e, muito menos, compensa todos os transtornos pelos quais vai passar.

Considerando o caso anteriormente citado ou uma situação na qual o cliente não tem razão em sua reclamação, o atendente precisa lidar com a insatisfação ou até com a ira do cliente. É necessário manter uma postura profissional, não alterar a voz, nem se utilizar de termos grosseiros.

II. Cuidados especiais ao lidar com clientes insatisfeitos e/ou descontrolados

a. Novamente, vale a dica: manter-se calmo e demonstrar receptividade, sendo que se deve evitar a todo o custo dizer "calma, não fique nervoso". Essa frase mais irrita que acalma. Em situações extremas, a fala mais adequada, por exemplo, é: "Sr./Sra., um instante, não estou aqui para discutir, estou aqui para atendê-lo(a) e somente conseguirei fazer isso se pudermos conversar normalmente";

b. Demonstrar empatia e solidariedade: mesmo seguindo à risca os procedimentos determinados pela empresa, o atendente deve demonstrar que "se importa" com o cliente, e isso se faz com estímulos verbais e não verbais, ou seja, com o que se fala e como se fala, além de como o atendente comporta-se;

c. Não desmerecer ou desconsiderar, seja qual for o argumento: se o cliente, por exemplo, disser que não concorda com a diferença de R$ 0,20 é porque é significativo para ele, quer seja pelo valor ou pela situação de insatisfação;

d. Não responder na mesma "moeda": o atendente deve ter todo um cuidado especial para não entrar em provocações, utilizar-se de palavras inapropriadas ou mesmo agredir o cliente (física ou verbalmente). Por vezes, o desejo do cliente é que o atendente reaja a uma provocação, para justificar, dessa forma, uma ação mais agressiva;

e. Fale primeiro os "porquês" e depois o não: caso tenha que apresentar uma resposta negativa, deve-se primeiro justificar ou argumentar para depois dizer "lamento muito, mas não será possível". Do contrário, o "não" em primeiro lugar pode provocar um bloqueio no cliente, e ele não ouvirá mais nada, nem a justificativa, nem uma nova instrução, ou mesmo as opções oferecidas;

f. Torne o "não" impessoal: em algumas situações até é válida a seguinte argumentação: "eu até gostaria de poder fazer isto pelo Sr./Sra., mas devido ao regulamento "X,Y e Z", não tenho como atendê-lo". Com essa fala, o atendente demonstra que a negativa não é dele e sim da organização;

g. Clientes exaltados devem ser separados dos demais: por vezes, ao perceber que tem "plateia", o cliente motiva-se a reclamar com mais ênfase, muitas vezes, contaminando todo o ambiente. Se possível, o local de atendimento deve contar com uma sala mais reservada para atendimentos mais privativos e complexos;

h. A troca de atendente é recomendável quando o problema torna-se pessoal, é salutar pedir ajuda para alguém da equipe ou mesmo, para a supervisão, principalmente quando a reclamação deixa de ser profissional e torna-se algo entre as partes, ou há agressão verbal;

O ponto chave no atendimento a reclamações é o exercício da audição (ativa e reflexiva), da empatia e da paciência. Além de ter o seu problema resolvido, o cliente deseja ser compreendido e, por isso, ouvi-lo sem interrompê-lo, evitar demonstrar impaciência, pressa ou mesmo indiferença é crucial para manter a conversa em bom nível. Outro cuidado deve ser o de não terceirizar a culpa. Para o cliente, pouco importa se o problema foi no "setor de cadastro", o que ele deseja é que o seu problema seja resolvido.

Se no atendimento ao cliente o trabalho em equipe é fundamental, ao lidar com reclamações, a sinergia de uma equipe é primordial para troca de informações, companheirismo, apoio mútuo, entre outros. A equipe deve ter a preocupação de anotar os principais focos de reclamação para transmiti-los à alta administração (supervisores, gerentes e proprietários) para tentar erradicar causas potencias e/ou recorrentes.

Exemplificando: se todo final de mês, no período de maior atendimento, os atendentes ficam sobrecarregados, e o tempo de resposta aumenta, causando irritação e reclamação por parte dos clientes, deve-se trabalhar em equipe (atendentes e alta administração) na criação de estratégias alternativas que minimizem a situação sazonal.

Agir preventivamente é sempre melhor que apenas corretivamente!

Controle emocional

Cada pessoa é única, todavia, de modo geral, a forma como nos comportamos frente aos desafios é universal. Todos têm em mente um sistema de estímulo – resposta, que age instantaneamente quando estimulado (principalmente, negativamente estimulado).

Nesse sentido, alguns cuidados podem ser observados:

a. criar oportunidades de troca de experiência, rodas de conversas, momentos de compartilhamento, enfim, "válvulas de escape" para a equipe de atendimento poder dar vazão às emoções;

b. trabalhar com práticas alternativas, como ginástica laboral, yoga, meditação e visualização positiva, dentre outras, para desenvolver física e emocionalmente a equipe;

c. investir em alimentação saudável e reeducação alimentar, pois os processos digestivos afetam o desempenho do profissional durante o seu trabalho.

Resumo do Capítulo 8

Novos cenários
Disponibilizar canais acessíveis e receptivos para as reclamações dos clientes.
Entender que o cliente não aceita mais apenas um não. Ele deseja uma justificativa.
Ao lidar com reclamações, ouvir atentamente, repetir resumidamente e definir o foco.
Compreender que o cliente é a razão da organização e que, nem sempre, tem razão.
Justificar, oferecer alternativas e somente depois dizer o "não".
Velhos desafios
Não usar a expressão: "calma, não fique nervoso".
Não aceitar provocações e "entrar no jogo do cliente".
Contar com uma estrutura física que possibilite separar o cliente que está apresentando uma reclamação, dos demais. Principalmente se ele se exaltar.

Check list – Avalie sua organização

Sua organização disponibiliza aos clientes canais acessíveis e receptivos às reclamações?

A equipe está emocionalmente preparada para lidar com reclamações?

Ao lidar com uma reclamação, a equipe sabe que o certo é ouvir, repetir, focalizar (definir um foco) e propor soluções?

O conceito de que o cliente é a razão, e que nem sempre tem razão, é praticado em sua organização?

A estrutura física da área de atendimento é adequada para lidar com clientes exaltados?

CAPÍTULO 9

DESENVOLVIMENTO DE EQUIPES DE ATENDIMENTO – O CICLO DA MELHORIA CONTÍNUA

(Com a colaboração de Luciano Gulgen[29])

Hersey e Blanchard[30] criaram o conceito de liderança situacional. Dentro desse método de liderança, o gestor deve lidar com sua equipe (ou com cada colaborador) de acordo com o seu nível de maturidade profissional.

Diferentemente do que possamos imaginar, a maturidade não é uma questão de idade, trata-se da confluência de três aspectos:

- A competência para realizar uma atividade (conhecimentos, habilidades e atitudes);
- A experiência para realizar a atividade;
- O comprometimento com a organização.

Os colaboradores que, por ventura, apresentam baixa maturidade não deixam alternativa ao gestor que não **determinar** o que deve ser feito; aqueles que são percebidos com média-baixa maturidade, o gestor deverá **persuadir** a fazer de tal forma algo, pois já possuem certo discernimento e compreenderão os argumentos apresentados.

Aos colaboradores que possuem alta maturidade, o gestor deve **delegar**, ou seja, deixá-los totalmente livres para decidir a melhor forma de fazer algo. Mas é importante salientar que, mesmo delegando, a responsabilidade final sempre é do gestor.

---

[29] Formado e pós-graduado em Marketing, mestre em Design pela Univille. Mais de 10 anos de atuação profissional na área de marketing e comunicação, em empresas nacionais e multinacionais dos segmentos de: indústria, varejo e serviços. Atua como coordenador de marketing, palestrante, professor e coordenador do MBA Gestão de Negócios em Ambientes Competitivos. lucianogulgen@gmail.com

[30] Para conhecer melhor o trabalho de Paul Hersey e Kenneth H. Blanchard, consulte *Psicologia para administradores: a teoria e as técnicas da liderança situacional*, obra lançada originalmente em 1986.

Por fim, com os que têm média-alta maturidade, o gestor deve **compartilhar**, ou seja, dialogar, ouvir suas opiniões e, em conjunto, decidir quanto à melhor forma de fazer algo.

Como aumentar o nível de maturidade dos colaboradores? Por meio do desenvolvimento contínuo, ou seja, treinando e capacitando as pessoas, além de observar sempre as condições de trabalho, as lideranças, o reconhecimento, questões que impactam diretamente a motivação.

Treinamento, capacitação e desenvolvimento contínuo

Não, os termos anteriores não são a mesma coisa! Não há uma unanimidade na literatura a respeito dos conceitos; o importante é que o treinamento e a capacitação, em conjunto ou isoladamente, propiciam o desenvolvimento contínuo da equipe.

A realidade social, as novas tecnologias, a dinâmica da informação, dentre outros catalisadores de mudanças, demandam que uma equipe de atendimento tenha um processo de desenvolvimento contínuo planejado e que preveja ações de curto, médio e longo prazo. Essas ações podem prever treinamentos e capacitações.

O treinamento baseia-se na repetição, no seguir determinado procedimento. Possui um escopo mais restrito e uma abrangência mais de curto prazo.

Uma equipe pode ser treinada a operar determinado software; todos saberão as suas funcionalidades, quais campos preencher, quais comandos acionar e como consultar o sistema de "ajuda", caso necessitem.

Um profissional pode ser treinado a agir em caso de emergência. No treinamento, conhecerá diversas situações e como proceder, caso uma delas ocorra, mas, se algo diferente do que consta na "apostila" surgir, seu treinamento pode ser insuficiente.

A capacitação é um processo mais abrangente. Visa a desenvolver o conhecimento, as habilidades e atitudes do profissional e, dessa forma, aumentar seu conhecimento e capacidade de discernimento.

Ao capacitar uma equipe, o gestor está propiciando a cada um a "capacidade" de realizar algo, autonomia. Nesse sentido é que percebemos que treinamento e capacitação (isoladamente e/ou em conjunto) propiciam o desenvolvimento contínuo. Este pode (e deve ser) orquestrado pela organização, mas complementado por ações autônomas, individualizadas, ou seja, cada membro da equipe pode (e deve) preocupar-se também com o seu desenvolvimento contínuo. Deve-se fomentar o autodesenvolvimento.

A educação presencial é o que se pode dizer a educação tradicional, ou seja, com alunos em sala, com o professor ou profissional da educação; já educação a distância é considerada como a mais moderna, e que veio com o advento da internet e facilidade da comunicação (muito embora os mais antigos lembrem-se do Instituto Universal Brasileiro – que mandava apostilas pelo correio). Ou seja, na educação a distância, existe separação física ente professor e aluno.

A educação a distância caracteriza-se ainda pelo uso de meios de comunicação mais automáticos e impressos; há uma comunicação bilateral e possibilidade de encontros ocasionais com objetivos de socialização e didáticos, gerando mais autonomia para os alunos. A educação presencial, por sua vez, permite a convivência entre docentes e discentes, a forma mais comum de procedimentos metodológicos é a aula expositiva.

Há ainda o ensino híbrido – semipresencial –, trata-se da modalidade que mescla os dois tipos de ensino: presencial e EaD.

Conforme citado anteriormente, há a procura e realização de treinamento, desenvolvimento e capacitação nos formatos de ensino a distância (EaD) ou híbridos (semipresencial) cada vez mais fortemente. Isso porque as equipes estão espalhadas em diversos locais, distantes geograficamente, o que pode inviabilizar um programa de desenvolvimento presencial, por conta dos custos de viagem, hospedagem etc. Por isso, as organizações têm procurado mesclar os programas, de modo que o conteúdo chegue para todo o time e desenvolva o maior número de pessoas, usando como aliados a tecnologia e os programas de ensino a distância ou híbridos, mesclando presencial e a distância.

O planejamento de ações de desenvolvimento contínuo

Sabemos que uma das atividades do gerente é o desenvolvimento de sua equipe, sendo assim, no planejamento das atividades para alcançar esse objetivo, o gestor deve questionar:

a. Quais são as necessidades (individuais e da equipe)?

b. Como desenvolvê-las?

c. Onde realizar?

d. Quando será?

e. Quanto vai custar e quem vai pagar?

Uma equipe de atendimento pode ter necessidades compartilhadas por todos, mas alguns aspectos podem ser mais individualizados.

É recomendável uma elaboração de um Plano de Desenvolvimento Individual (PDI) para cada atendente. Por meio de um processo de avaliação constante, iniciado já no recrutamento e seleção (à luz da descrição de cargo), o gerente pode mapear as necessidades individuais e coletivas. Pode-se também incluir no "cardápio" demandas da própria organização ou ainda solicitar que o próprio atendente manifeste-se quanto ao que precisa. Considerando todas essas possibilidades, podemos ter uma situação, conforme descrita na figura 7:

Figura 7 – PDI para um atendente

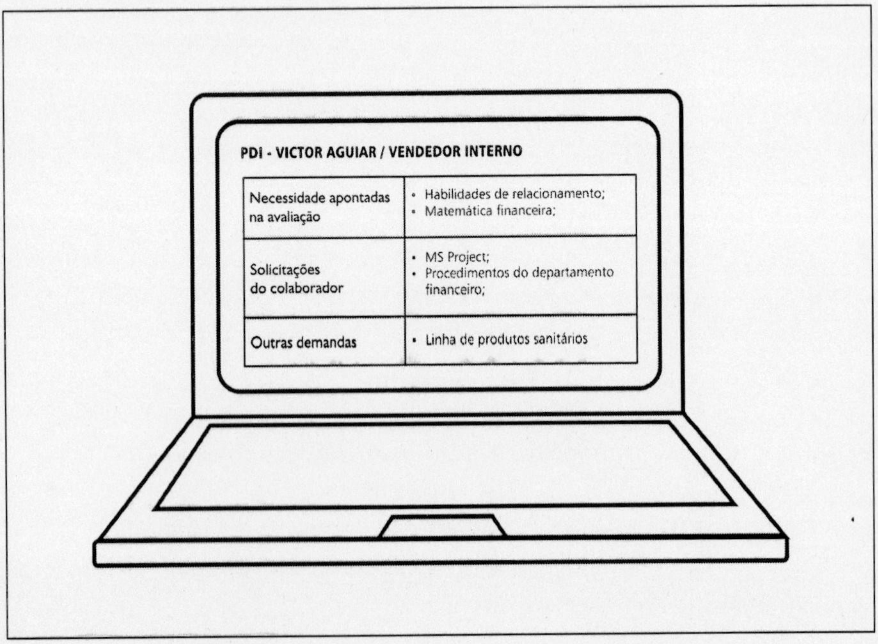

PDI - VICTOR AGUIAR / VENDEDOR INTERNO	
Necessidade apontadas na avaliação	• Habilidades de relacionamento; • Matemática financeira;
Solicitações do colaborador	• MS Project; • Procedimentos do departamento financeiro;
Outras demandas	• Linha de produtos sanitários

Fonte: elaborada pelo autor

Nesse exemplo, o gestor identificou, por meio da avaliação contínua, que "Victor Aguiar/atendente interno" precisa aprimorar suas habilidades de relacionamento e que apresenta dificuldades nos cálculos de financiamentos. O atendente, por sua vez, gostaria de conhecer os procedimentos do departamento financeiro, área com a qual constantemente interage e aprender a usar o MS Project para poder assumir novas responsabilidades. Com vistas a um possível futuro remanejamento de funções, em face de uma licença maternidade, o gestor quer que "Victor Aguiar" conheça a linha de produtos sanitários.

É importante alertar aos gestores que por vezes, a consulta ao colaborador pode gerar solicitações que não podem ser atendidas, quer por limitações orçamentárias, quer por serem demandas inapropriadas à função; cabe ao gestor avaliar a validade de solicitar a participação do colaborador no processo e sua capacidade de lidar com respostas negativas.

Definidas as necessidades (individuais e/ou coletivas), o próximo passo é definir ações (como desenvolver).

Pode-se escolher por atividades conduzidas pelo próprio gestor, alguém da organização, da equipe ou terceirizadas. Consequentemente, poderão ser realizadas interna ou externamente.

Opções de métodos não faltam: reuniões, palestras, seminários, *workshops,* cursos, dentre tantos, devem ser avaliados considerando os objetivos, os conteúdos, os participantes e o tempo disponível.

Ao pensar em todos esses aspectos, automaticamente, já se está avaliando onde realizar, quando será, e não menos importante, quanto vai custar e quem vai pagar.

Em relação a esse último, a questão orçamentária é um aspecto que, por vezes, acaba demandando todo um replanejamento de ações. Conheço organizações que bancam todo o desenvolvimento do colaborador, outras possuem uma política de analisar caso a caso, sugerindo inclusive que algumas ações sejam responsabilidade financeira do colaborador, com vistas a uma ascensão na organização.

O desenvolvimento contínuo deve ser uma política da organização, uma preocupação constante com a competência da equipe, pois clientes satisfeitos e bem atendidos são fundamentais para a perenidade.

Operações consideradas de alto impacto, ou seja, aquelas em que o cliente permanece presente todo o tempo durante a prestação de serviço (academias de ginástica, salões de beleza, escolas etc.), demandam maior cuidado com toda a equipe, não só a de atendimento. Já as operações de baixo impacto, aquelas em que o cliente não acompanha todo o serviço (assistência técnica, oficina mecânica, contabilidade etc.), podem dedicar-se mais à equipe de atendimento, pois os demais profissionais não terão muita interação com o cliente. De qualquer forma, o ideal é que todos estejam preparados.

Ainda no planejamento de ações de desenvolvimento contínuo, é imprescindível organizar o treinamento com base em uma matriz que orienta e direciona objetivos gerais, específicos, ferramentas, entre outros. A figura 8 apresenta cinco elementos imprescindíveis para um bom planejamento e execução de programas de desenvolvimento de equipes.

Figura 8 – Cinco elementos de um bom programa de desenvolvimento de equipes

1 - Objetivos
- Objetivo macro deste programa de desenvolvimento.
- Como por exemplo:
- Desenvolver a venda consultiva e identificar o cenário atual, trabalhando nas potencialidades e debilidades do mercado.

2 - Conteúdo
- Detalha-se o que será abordado (assuntos) para alcançar o objetivo.
- Como por exemplo:
- Praticar empatia, figura de comprador e vendedor, preço vs valor (pirâmide de vendas).

3 - Estratégias
- Explica-se de que forma serão trabalhados os temas e ferramentas.
- Como por exemplo:
- Por meio do mapa de contexto, mapa de afinidade e mapa de stakeholders.

4 - Recursos
- Lista-se o que o treinador irá precisar para executar seu trabalho.
- Como por exemplo:
- TV ou Datashow, som, quadro ou flipchart, folhas e canetas, post-its, lápis de cor, etc.

5 - Avaliação
- Cita-se o que será utilizado para mensurar a efetividade do programa.
- Como por exemplo:
- Ficha de avaliação de reação.

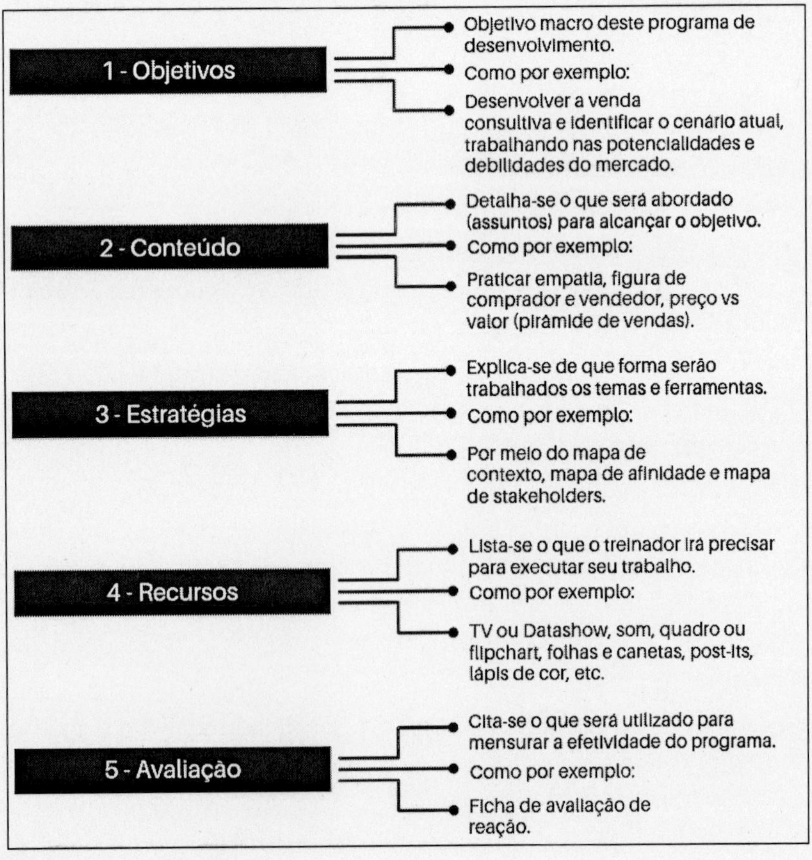

Fonte: elaborado pelo autor

O CHA no atendimento – Conhecimentos, habilidades e atitudes (comportamentos) do atendente

Não há como definir competências que se apliquem em toda e qualquer equipe de atendimento. Por se tratar de um "serviço", o atendimento, demanda um estudo *customizado* para cada equipe. Sendo assim, o ideal é que o leitor conheça melhor sobre competências.

Boog[31] define competências como um conjunto de três tipos de qualificação:

a. Conhecimentos – o que as pessoas precisam saber;

b. Habilidades – coisas que as pessoas precisam saber fazer;

c. Comportamentos – maneiras das pessoas comportarem-se.

Pode-se perceber que Boog faz uso da expressão "comportamento", diferentemente da maioria dos autores, que falam sobre "atitudes".

Aquilo que as pessoas precisam saber, os conhecimentos, podem ser subdivididos em duas categorias: os conhecimentos técnicos e científicos da profissão e os dos mecanismos humanos nas organizações. A pergunta-chave é a seguinte: o que os profissionais precisam saber para atenderem bem o cliente?

Já as habilidades são ordenadas segundo sua importância, são classificadas em três categorias: habilidades voltadas à orientação de resultados, à interação pessoal e, por fim, ao processo e à sua qualidade.

Por exemplo, o gerente pode avaliar que as habilidades de negociar e raciocinar estrategicamente de sua equipe não estão desenvolvidas suficientemente; essas são habilidades voltadas à orientação de resultados.

Já a habilidade de ouvir e lidar com conflitos na equipe dizem respeito às habilidades voltadas à interação pessoal.

Particularmente, avalio que conhecimentos e habilidades são mais facilmente desenvolvidos, o desafio está no item "atitude", pois diz respeito a desenvolver e/ou mudar comportamentos. E isso depende muito da pessoa.

A atitude diz respeito ao querer fazer e ao como a pessoa porta-se, seja no dia a dia, em relação aos demais membros da equipe (clientes internos) ou com clientes externos.

---

[31] Gustavo Boog é o autor do *Manual de Treinamento e Desenvolvimento*. A obra aborda de forma bastante completa a temática da capacitação em ambiente empresarial. O livro foi publicado em 2006.

Considerando que nós, seres humanos, comportamo-nos de acordo com a carga genética que herdamos, a socialização primária que tivemos (na família), a secundária (na escola) e nossa história de vida, pode-se compreender que mudança de comportamento e uma adequação aos padrões de atendimento da empresa, quando ocorre, é um processo de longo prazo e que demanda muito investimento.

O futuro exigirá alta preparação das competências comportamentais, ao passo que os robôs e máquinas, com sua inteligência artificial, não a desenvolverão. Segundo o Fórum Econômico Mundial, as 10 habilidades mais importantes para o profissional do futuro serão: resolução de problemas complexos, pensamento crítico, criatividade, liderança e gestão de pessoas, trabalho em equipe, inteligência emocional, julgamento e tomada de decisões, orientação a serviços, negociação e flexibilidade cognitiva. Ou seja, o segredo será o como pensar, como sentir e o aprender eternamente, competências diretamente ligadas ao "CHA". O futurista Alvin Toffler[32] citou que o analfabeto do século XXI não será o que não sabe ler e escrever, mas sim aquele que não souber aprender a desaprender e a reaprender.

Sendo assim, o processo de recrutamento e seleção é fundamental na formação de uma equipe, pois acreditar que alguém que apresente um comportamento incompatível com a atividade de atendimento ao cliente vai mudar pode ser uma aposta muito arriscada. Claro que não é impossível, mas é sempre um risco.

Significados e sentidos no atendimento ao cliente

Se lembrarmos que o atendimento ao cliente é um serviço e que, por isso, é pessoal, variável e subjetivo, ou seja, predomina a interação humana, compreenderemos melhor ainda a importância do desenvolvimento contínuo; mas, para reforçar, é interessante conhecer o conceito de significado e sentido.

Pessoas que dominam um mesmo idioma, normalmente, compartilham o mesmo significado para uma palavra, todavia o sentido pode ser diferente. Exemplificando: se dissermos "seja rápido", todos entenderão que devem agir com mais velocidade, mas "o conceito de mais velocidade" pode variar de pessoa para pessoa, assim como as ações que cada um poderia empreender para conseguir ser "mais rápido".

---

[32] Para conhecer mais sobre a obra e o legado desse futurólogo, visite: https://www.tofflerassociates.com/

Caso não tenha ficado claro, um exemplo mais simples pode ajudar. No momento em que digo *piscina*, todos compartilham do mesmo significado, ou seja, mentalmente se lembram de um espaço ou local ou recipiente, com água. Todavia o sentido pode variar, ou seja, ao lembrar a *piscina*, alguns podem associar imediatamente a algo prazeroso, ao verão, lazer e descanso, mas alguns podem lembrar-se do pânico que sentem, de alguma fatalidade, enfim, de experiências negativas.

Considerando a questão dos significados e sentidos, na área de serviços, tudo precisa ser muito bem elucidado.

Em uma capacitação, não se pode simplesmente dizer: "atenda o cliente com rapidez e simpatia". É necessário mostrar o que se deseja e realmente o que é "rapidez" e "simpatia". Em algumas situações, é necessário, inclusive, quantificar, para poder padronizar as ações da equipe.

Na prática, é algo como: "atenda o cliente com rapidez e simpatia, ou seja, assim que ele entrar na área de espera, você deve olhar para ele, cumprimentá-lo e sorrir, mesmo que você esteja ocupado com outra coisa". É fundamental que o cliente sinta que sua presença foi notada.

Já há muita subjetividade em uma operação de serviços. Nos treinamentos e capacitações, não deve haver mais espaço ainda para interpretações pessoais. Enfatize o significado e homogeneíze os sentidos, em suma, **diga o óbvio!**

Seja claro, repita procedimentos até que façam sentido para todos os atendentes.

Resumo do Capítulo 9

Novos cenários
Investir no desenvolvimento contínuo, ou seja, treinar e capacitar sempre, mas buscar a autonomização da equipe.
Planejar adequadamente as ações de desenvolvimento contínuo. Definir necessidades, como, onde e quando realizar, além de avaliar os custos envolvidos.
Elaborar um Plano de Desenvolvimento para cada membro da equipe.

Velhos desafios
Desenvolver a maturidade dos atendentes para a realização de um excelente atendimento.
Apostar nas competências (CHA): conhecimentos, habilidades e atitudes.
Dizer o óbvio, ou seja, enfatizar o significado e homogeneizar os sentidos.

Check list – Avalie sua organização

Qual o nível de maturidade dos atendentes da equipe?

Há um processo de desenvolvimento contínuo planejado para a equipe? Sabe quais treinamentos e capacitações são necessários?

A equipe se preocupa com seu autodesenvolvimento?

Cada membro da equipe possui o seu Plano de Desenvolvimento Contínuo (PDI)?

No planejamento de treinamentos e/ou capacitações, são levadas em consideração as necessidades da equipe, como, onde e quando realizar, além do orçamento necessário?

Quais são as competências necessárias para a equipe?

Todos na equipe compartilham dos mesmos significados e sentidos? O óbvio está claro para todos?

CAPÍTULO 10

PESQUISA DE SATISFAÇÃO – COMO MERGULHAR NA MENTE DO CLIENTE

(Com a colaboração de José Luiz Cercal Lazzaris[33])

São muitas as justificativas para periodicamente aferir o nível de satisfação dos clientes para com o atendimento prestado pela organização. Podemos citar algumas delas:

a. Auxiliam na estratégia de atendimento e da prestação de serviço, projetam as tomadas de decisões e minimizam os erros;

b. Clientes satisfeitos tendem a ser mais fidelizados, fazer propaganda e indicar a organização;

c. Clientes insatisfeitos ajudam a apontar falhas de processo, vícios e falhas humanas, muitas vezes, já enraizadas no cotidiano da empresa, os que não reclamam, apenas mudam de "fornecedor";

d. Considere toda crítica uma oportunidade de melhoria e uma nova chance que o cliente está lhe dando;

e. O cliente ou usuário pode fornecer *insights* de melhorias e apresentar problemas não aparentes no atendimento;

f. Auxilia na avaliação global do atendimento, podendo ser sementado do pré-atendimento ao pós-venda, determinando quais áreas necessitam de mais atenção ou remodelação;

g. O gerente precisa de um parâmetro quantitativo para avaliar a sua equipe.

---

[33] Graduado em Design Gráfico, pós-graduado em Gestão do Design e Estratégia Corporativa, MBA em Marketing Digital, pós-graduado em Design Thinking e mestre em Design pela Univille. Sócio da Dual Mídia Comunicação, consultor do Sebrae, diretor executivo de Inovação e Tecnologia para a Educação da Prefeitura Municipal de Joinville. Designer gráfico, viajante, devorador gastronômico, marido da Josi e tutor da Paçoca e do Bola. Instagram: @jlclzeluiz / Facebook: facebook.com/jlclzeluiz / joseluiz@dualmidia.com

Podemos projetar a melhor operação de atendimento ao cliente, prevendo toda e qualquer situação, mas somente teremos a operação ideal, se for aprovada pelo cliente.

Antes de sermos atendentes, somos clientes e, se pensarmos em como nos comportamos, confirmaremos que somos mais fieis às organizações que bem nos atendem, somos, por vezes, até defensores, ou seja, falamos bem delas e, dependendo do assunto (ou do valor monetário envolvido), por vezes, não queremos perder tempo reclamando; simplesmente mudamos de fornecedor.

Quando pensamos no atendimento da organização, nem sempre o que é bom para a empresa, pode não ser bom para o cliente, dessa forma, valer-se da visão do cliente, oferece oportunidades de melhorias, gerando maior satisfação e fidelização do cliente. A organização que consegue traduzir essa informação na forma de métricas permitirá resultados cada vez mais qualitativos, criando experiências positivas com o atendimento.

Pesquisas pré-processo, no processo e pós-processo

Inicialmente, é importante desmistificar. Pesquisa é todo e qualquer processo, organizado e planejado, para coleta de informações, com um objetivo definido.

Organizar-se para toda quarta-feira à tarde, por exemplo, conversar com os clientes acerca da qualidade no atendimento, seguindo um roteiro de questionamentos (mesmo que apenas mentalmente), é um processo de pesquisa, ou seja, existem processos mais formalizados e organizados e, processos menos formalizados, mas que não podem deixar de ser planejados e organizados. O importante é que algo seja feito, pois o cliente precisa ser ouvido.

As pesquisas pré-processo ocorrem antes que o cliente tome contato com o processo de atendimento e caracterizam-se, normalmente, por levantamentos de expectativas. São importantes no processo de projetar a operação, como por exemplo, no Design de Serviços.

Durante o processo de atendimento o cliente pode ser questionado em relação à sua satisfação, ou seja, são as pesquisas "no processo". Esse tipo de pesquisa é interessante para correção imediata de problemas, para uma rápida intervenção. Suas impressões ou comentários podem ser registrados pelo atendente, para posterior análise e providências.

Mas, muitas vezes, o cliente não gosta de ser interrompido, ou a operação não permite essa interferência. Sendo assim, o mais comum mesmo é a pesquisa pós-processo. O cliente foi atendido e manifesta-se quanto à sua satisfação.

Se na pesquisa "no processo" permite corrigir algo imediatamente por meio das informações e manifestações do cliente, no pós-processo, pode ser tarde, porém permite valer-se das informações e críticas fornecidas pelo cliente para aprimorar e evoluir o processo, reafirmando, assim, a importância da pesquisa.

O planejamento de uma pesquisa de satisfação

Vamos nos focar no tradicional, na pesquisa pós-processo.

A elaboração de qualquer tipo de pesquisa tem, como ponto de partida, a clara definição de seu objetivo (questão de pesquisa), ou seja, quanto mais específico for o seu foco, mais chance haverá de produzir as respostas adequadas. A falta de um foco claro pode criar um instrumento de coleta (questionário, por exemplo) muito abrangente, repleto de perguntas, tedioso, que fará com que o cliente perca o interesse em respondê-lo e que, ao seu final, não trará informações relevantes, tornando-se inócuo ou pouco proveitoso para a organização.

Sendo assim, defina claramente seu foco: "qual o nível de satisfação de nossos clientes com o atendimento?". A partir do foco, o próximo passo é pensar quais aspectos devem ser questionados aos clientes por impactarem diretamente em sua satisfação.

Se o foco é conhecer a satisfação do cliente e estamos realizando uma pesquisa pós-processo, acrescentar perguntas como *"Qual a sua opinião sobre a criação de um novo serviço de entrega expressa?"*, *"Em quais ocasiões/situações você utilizaria este serviço?"* e *"Até quanto você estaria disposto a pagar por este serviço?"* podem ser inadequadas, cansativas para o cliente e, o pior, não produzirem respostas confiáveis.

Definido o foco e acertado que não nos desviaremos dele, antes de elaborar as questões, propriamente ditas, primeiro, precisamos escolher a melhor forma de coletar as informações. Para tanto, podemos contar com duas opções:

a. Entrevistas – pessoais, por telefone ou virtuais;

b. Questionários – autorrespondidos, pessoal ou virtualmente.

O que diferencia a entrevista do questionário é a presença de um interlocutor. Na entrevista, alguém pergunta a outrem, enquanto, no questionário, o próprio respondente encarrega-se de responder.

A opção por um dos dois (não necessariamente têm que ser opções excludentes) deve levar em consideração alguns fatores: as características do atendimento, a intimidação de ter alguém entrevistando (ou não), a privacidade, o tempo disponível dos clientes, o quanto se deseja de participação, dentre outros.

A presença de um mediador pode estimular a participação do cliente, propondo as questões certas, para obter os melhores resultados, respostas que, talvez, espontaneamente não se obtivessem, mas, dependendo da situação, o mediador ou entrevistador pode criar uma barreira ou, de certa forma, sua presença pode intimidar o entrevistado, nessa situação, a melhor opção é oferecer privacidade e comodidade para o entrevistador fornecer suas respostas.

O oferecimento de algum tipo de gratificação (prêmio) por participação na pesquisa pode aumentar o número de participantes, mas também pode viciar os dados da pesquisa, pois poderão modificar a opinião, gerando dados com falsos positivos, pois o respondente pode pensar que uma opinião negativa pode desagradar a organização e prejudicá-lo.

O uso de questionários virtuais agiliza o processo, garante uma maior privacidade e otimiza os custos, mas, em alguns casos, deixamos de acessar alguns links que são enviados, por medo de que sejam vírus. É possível aumentar o número de respondentes, incluindo-os em uma lista segura, onde os clientes deverão sinalizar positivamente a inclusão, garantindo, assim, mais segurança e participação para ambos os envolvidos na pesquisa.

Enfim, cada gestor deve ponderar o que é melhor para sua organização, considerando o perfil do cliente.

A elaboração do instrumento de pesquisa

O instrumento de pesquisa deve ser elaborado após a definição da forma como as informações serão coletadas (questionário e/ou entrevista).

Questionários tendem a ser estruturados, ou seja, seguem uma sequência de perguntas, que podem ser abertas ou fechadas, dependendo do método de pesquisa, quantitativa ou qualitativa, têm um cabeçalho para orientar o respondente e, por vezes, um agradecimento ao final. A pesquisa quantitativa fornece números acerca da pesquisa, já a qualitativa fornece informações abertas a interpretações.

Nas entrevistas, o pesquisador pode utilizar-se de um instrumento de pesquisa estruturado ou semiestruturado. O instrumento estruturado assemelha-se ao questionário e será lido para o cliente, seguindo a ordem previamente definida de perguntas. Já no semiestruturado, o pesquisador tem um roteiro de perguntas que segue de acordo com a interação com o cliente e a capacidade do entrevistador de encontrar o momento certo de inserir as perguntas durante o diálogo.

Não existe uma quantidade adequada de perguntas. A regra é simples: o mínimo possível de perguntas, mas que seja suficiente para conhecer a satisfação do cliente, e o máximo possível, até o limite que não canse e desestimule o respondente.

Mas o que perguntar? Como roteiro para elaboração das perguntas, pode-se utilizar o Servqual de Berry[34]. Essa escala foi criada especificamente para operações de serviço (como, no caso, o atendimento ao cliente) para mensurar a qualidade.

São cinco atributos: confiabilidade, capacidade de resposta, segurança, empatia e itens tangíveis. Explicando melhor, temos para a área de atendimento ao cliente:

O modelo Servqual para a área de atendimento

Quadro 1 – Atributos do modelo Servqual

Atributo	Significado
Confiabilidade	Capacidade de atender de forma confiável, precisa e de acordo com a promessa do serviço ou atendimento, suprindo assim a expectativa do cliente.
Capacidade de resposta	Demonstração de rapidez na prestação do serviço e disposição em auxiliar e solucionar dúvidas do cliente.
Segurança	Competência para realizar o atendimento, transmitindo confiança, demonstrando o respeito ao cliente e a comunicação efetiva.

---

[34] Berry juntamente a Zeithaml e Parasuraman são os pesquisadores que desenvolveram a escala Servqual.

Atributo	Significado
Empatia	Demonstração de interesse e atenção personalizada. Capacidade de individualização do atendimento de acordo com a necessidade do cliente.
Itens Tangíveis	Qualidade e/ou aparência dos recursos físicos necessários para a prestação do serviço, ou seja, tudo com o que o cliente tem contato.

Fonte: Primária (2014)

Para um melhor entendimento do leitor, podemos ilustrar os atributos com algumas possíveis questões.

Confiabilidade

- O atendimento ocorreu de acordo com as suas expectativas?
- O atendente mostrou segurança nas informações que lhe passou?
- O atendente lhe ofereceu opções para contornar sua reclamação?
- Tudo que foi prometido foi entregue de acordo com a promessa e no prazo?

Capacidade de resposta

- O atendimento ocorreu no horário agendado?
- O tempo de espera para o atendimento foi adequado?
- Como você avalia nossa agilidade no atendimento?
- O atendimento se dispôs a solucionar dúvidas?

Segurança

- Você ficou com alguma dúvida mesmo após todas as explicações do atendente?
- O atendente passou as informações com clareza e precisão?
- As explicações do atendente foram claras e completas?

- O tratamento despendido foi a contento?

Empatia

- O atendente demonstrou preocupação/interesse com o assunto que você apresentou?
- Você recebeu a atenção total do atendente durante o atendimento?
- O atendente demonstrou estar concentrado somente no seu atendimento? Compreendeu a sua necessidade?

Itens Tangíveis

- Como você avalia o ambiente onde você foi atendido?
- Como está a limpeza de nossa empresa?
- O conforto do local de atendimento é adequado?
- Como você avalia a aparência do colaborador?
- Como é o conforto oferecido durante o atendimento?

Podemos optar por perguntas abertas ou nos utilizarmos de escalas; ou ainda as duas opções na mesma pesquisa.

Nas perguntas abertas, de caráter qualitativo, o respondente tem total liberdade para dissertar acerca do questionamento. Podem-se obter respostas muito interessantes, desde que se formule a pergunta de forma adequada, mas a tabulação fica mais complexa e, perguntas abertas costumam desestimular os respondentes, principalmente pela questão tempo. Sendo assim, recomenda-se sua utilização para uma pergunta de fechamento, como por exemplo: "De modo geral, como você avalia nosso atendimento?", ou ainda "Gostaria de sugerir algo?".

A utilização de escalas ou múltiplas escolhas possui o caráter quantitativo, limita a criatividade nas respostas, mas agiliza o processo de coleta e facilita a tabulação, como podemos verificar na figura 9:

Figura 9 – Exemplos de pesquisas de satisfação

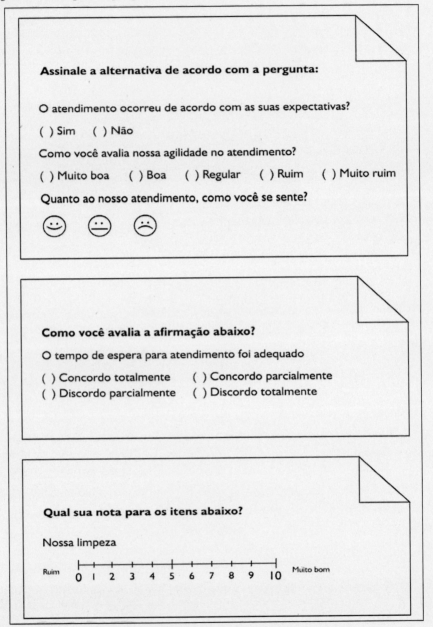

Fonte: elaborada pelo autor

As possibilidades são infinitas, o importante é considerar, na hora da elaboração do instrumento de pesquisa, o tempo disponível para responder, o nível de instrução dos respondentes, o ambiente físico onde será feita a pesquisa, dentre tantos outros fatores.

Não pode se esquecer de realizar um pré-teste antes de implementar a pesquisa, para avaliar se a linguagem está clara, se o tempo para responder é adequado, se as instruções estão corretas e direcionam adequadamente o respondente, para haver tempo hábil de quaisquer correções antes da implementação da pesquisa. No caso de entrevistas, treinar bem os entrevistadores para terem um amplo domínio do assunto, saberem como se portar junto ao cliente, como conduzir o diálogo para obterem as respostas adequadas, ou seja, realizarem um bom trabalho.

Uma dica importante é não perguntar o que já se sabe, pois toda pesquisa sempre gera expectativas de melhoria, ou seja, não devemos criá-las se não poderemos atendê-las.

Explicando melhor: sabemos que nosso estacionamento é péssimo, mas não temos como melhorar, pelo menos nos próximos dois anos; nosso instrumento de pesquisa não deve conter a pergunta *"como você avalia nosso estacionamento?"*.

Conhecer a opinião do cliente é fundamental para a melhoria contínua. A pesquisa de satisfação deve ocorrer periodicamente, para garantir essa evolução, afinal, o mercado e o comportamento do cliente estão em constantes mudanças e devemos estar atentos. É um processo constante de troca de informações, que podem fornecer importantes *insights* de melhorias, garantindo, assim, satisfação do cliente, fidelização, propaganda, indicação e recompra.

E, por falar em mudanças, vale ir se habituando aos indicadores como o *Customer Satisfaction Score* (CSAT) e o *Service Level Agreement* (SLA)[35]; o primeiro é uma rápida pesquisa para determinar em uma escala de 1 a 5 o nível de satisfação do cliente, já o segundo mede se os processos operacionais e os procedimentos para a resolução de não conformidades conseguem resolver adequada e satisfatoriamente o problema.

---

[35] Veja ainda o *Net Promoter Score* (NPS).

Resumo do Capítulo 10

Novos cenários
É muito importante ouvir periodicamente a opinião do cliente quanto ao atendimento. O modelo Servqual pode ser um bom roteiro inicial para a elaboração de uma pesquisa. O uso de escalas facilita a tabulação da pesquisa.
Velhos desafios
Pesquisa é todo e qualquer processo, organizado e planejado, para coleta de informações, com um objetivo definido. Realizar um bom processo de planejamento de uma pesquisa. Não criar expectativas que depois não poderão ser atendidas, pois toda pesquisa gera, na perspectiva do cliente, uma percepção de melhoria.

Check list – Avalie sua organização

A equipe compreende a necessidade de periodicamente "ouvir" o cliente por meio de uma pesquisa de satisfação?

A organização realiza pesquisas pré-processo, no processo, ou pós-processo?

Os clientes da organização, quando pesquisados, são entrevistados ou respondem a questionários?

Como estão a confiabilidade, a capacidade de resposta, a segurança, a empatia e os fatores tangíveis de sua organização?

Antes de realizar a pesquisa propriamente dita, houve um pré-teste?

Essa avaliação primária apontou necessidades de melhorias ou se mostrou pronta para a implementação?

Há alguém capacitado em sua equipe para mediar entrevistas ou é necessário treinar alguém?

APENAS PARA CONCLUIR

Após 10 capítulos, acredito que o leitor deva ter percebido a importância que um bom atendimento ao cliente tem para as organizações e a complexidade da temática, pois muitos foram os aspectos abordados.

Outra percepção fundamental é a de que as pessoas e o seu profissionalismo são os elementos chave de um bom serviço ao cliente. Profissionalismo é entender e aceitar o que é necessário para exercer uma profissão e comprometer-se, o que remete a uma ação mais do indivíduo, do profissional; ou seja, por mais que a organização preocupe-se com o desenvolvimento continuado da equipe, se o profissional (a pessoa) não se comprometer com o bom atendimento, o esforço organizacional será em vão.

O gestor (gerente) é outro elemento fundamental nesse processo. Seu acompanhamento quanti e qualitativo da equipe é que permite perceber oportunidades de melhoria e/ou a necessidade de correção de rumos.

Não restam dúvidas de que o cliente é outro ator chave; envolvê-lo em processo de (re)design de serviços é primordial, pois, em última instância, o foco é ele. Pensando nele é que procuramos desenvolver um processo eficiente e que possa gerar a melhor experiência possível.

Bem, é justamente na **Era do Marketing de Experiência**, que o atendimento ao cliente torna-se um diferencial e, nesse sentido, quem está nessa área tem que refletir periodicamente se realmente é isso que deseja fazer, se essa é verdadeiramente sua área profissional; tendo isso em mente, baseio-me em Imbernón[36], para propor algumas dimensões e questões para auxiliar nessa reflexão.

O profissional pode questionar-se quanto à autoimagem, autoestima, motivação para o trabalho, percepção da tarefa e perspectivas futuras para refletir, à luz de todo o conteúdo abordado neste livro, se realmente o atendimento ao cliente é a atividade com a qual se identifica.

Vamos começar pela **autoimagem**; como nos vemos enquanto profissionais. Questione-se:

- ✓ Quem sou como profissional do atendimento?

---

[36] Francisco Imbernón é um pesquisador espanhol que escreve sobre formação docente e profissional.

- Quais conexões existem com quem eu sou como pessoa?

No campo da **autoestima**, ou seja, a avaliação que fazemos de nós mesmos, podemos nos perguntar:

- Até que ponto estou agindo bem em meu trabalho?
- Estou satisfeito comigo mesmo como profissional do atendimento?
- Quais são as fontes de minha alegria e satisfação?
- O que me faz duvidar de minhas qualidades pessoais e profissionais?

Já em relação à **motivação para o trabalho**, os motivos pelos quais atuamos no atendimento ao cliente, podemos avaliar:

- O que me motivou a me tornar um profissional do atendimento?
- O que me motiva para continuar sendo?
- O que poderia contribuir para aumentar (ou manter) minha motivação nessa área?
- Como outras pessoas (gestores) podem me ajudar?

A **percepção da tarefa**, ou como enxergamos nosso trabalho, permite-nos avaliar:

- O que devo fazer para ser um bom profissional do atendimento? Como?
- Sinto que os problemas emocionais ou relacionais de meus clientes me preocupam? Até que ponto?
- É suficiente que todos os meus clientes se sintam, pelo menos, no mínimo, satisfeitos?
- Qual é o meu programa de desenvolvimento profissional?
- Daquilo que faço habitualmente, o que faz e o que não faz parte de meu trabalho como profissional de atendimento?
- O que posso fazer para melhorar minha situação?

Por fim, em relação às **perspectivas futuras**, vale perguntar:

- ✓ Quais são minhas expectativas para o futuro e o que sinto em relação a elas?
- ✓ Como vejo o resto de meus anos na área de atendimento? Como posso melhorar meu futuro?

Ao me referir a "profissional do atendimento", procuro envolver atendentes, vendedores e gestores, ou seja, a equipe de atendimento, pois todos estão envolvidos tanto no processo de atendimento, quanto na relação diária de convivência, no ambiente de trabalho.

Talvez caiba, ainda, uma última reflexão. Você que é um profissional do atendimento, pergunte-se: eu realmente gosto do que faço? Eu verdadeiramente gosto de lidar com pessoas?

Se a sua resposta é sim, parabéns, você está na área certa. Por outro lado, se você ficou em dúvida, ou a resposta é não, vá ser feliz! Mude de área, vá fazer outra coisa e pare de fazer mal às pessoas e, principalmente, a você mesmo.

Independentemente de estarmos na era 4.0 e da utilização do Design de Serviços na melhoria de processos, o fator humano ainda é ponto crucial, pois sempre teremos pessoas, quer seja atendendo, quer sendo atendidas.

Sucesso!